AF355949

HISTOIRE

DES

BEAUX-ARTS.

MONTMARTRE, IMP. PILLOY FRÈRES ET COMP.

HISTOIRE

DES

BEAUX-ARTS

OU LES

GRANDS HOMMES DE L'ITALIE,

PAR

JACQUES-MÉRAULT DAUSSY

(du Pas-de-Calais),

PROFESSEUR DE LITTÉRATURE ÉTRANGÈRE AU LYCÉE IMPÉRIAL
ET A L'ÉCOLE DES OFFICIERS D'ARTILLERIE
DE SAINT-PÉTERSBOURG :

Précédée

D'UNE NOTICE SUR SA VIE ET SES OUVRAGES,

PAR ANTOINE-AIMÉ PUZIN, DE VIENNE (ISÈRE).

PARIS,

CHEZ LORENZANI, LIBRAIRE, RUE DU CHANTRE, 26,

PRÈS LE PALAIS-NATIONAL.

1849

NOTICE

SUR LA VIE

ET

LES OUVRAGES

DE

JACQUES-MÉRAULT DAUSSY.

⸺◦◦◦◦◦◦◦◦⸺

Nous entreprenons de retracer la vie de Jacques-Mérault Daussy. Sans doute, c'est une tâche au-dessus de nos forces; mais la vive et profonde sympathie que nous avions l'un pour l'autre, mais l'ardente et inaltérable amitié qui nous unissait à lui, suppléeront à notre insuffisance. C'est notre cœur qui parlera.

Daussy naquit le **23 février 1819**, à Marcon-
nelle, joli village de l'Artois. Son père, qu'il
perdit en 1838, avait été fabricant de papier. Il
fit de brillantes études : commencées à **Hesdin**
(Pas-de-Calais), il les termina à **Paris**, aux sé-
minaires de Saint-Nicolas et d'Issy.

Émerveillé de ses rares dispositions, l'abbé
Dupanloup, qui avait promis à Jacques de remplacer son père, le protégea tant qu'il crut que
ce jeune prédestiné s'enrôlerait sous la bannière
des jésuites ; mais dès qu'il pressentit qu'une si
belle proie lui échapperait, il l'abandonna. Ce
lâche abandon eut lieu parce qu'il refusa avec
énergie d'être le dénonciateur de ses camarades
au grand séminaire d'Issy, près Paris.

Ce fut à cette époque que Daussy, dans toute
la force de la jeunesse, lutta avec courage trois
années entières contre l'adversité.

C'était avec un indicible regret que l'abbé Dupanloup avait vu s'annihiler l'empire qu'il avait
exercé sur Jacques : aussi, pour tenter de le
ressaisir, après quatre mois d'oubli, il se souvint de lui pour l'envoyer au collége de Gien

(Loiret), où il fut professeur de quatrième et de mathématiques, avec trois cents francs par an ! Il n'avait pas encore atteint sa vingt-deuxième année.

Mais Daussy n'était pas seul à vivre : il avait une mère, des sœurs, un frère, qui comme lui n'étaient pas heureux, et son plus vif désir était de répandre l'aisance au milieu de sa famille. Et comment pouvait-il, avec de si modiques appointements, suivre les nobles inspirations de son cœur ! C'était là le ver rongeur qui minait sa vie ! Lui qui se sentait capable de grandes choses ; lui qui se sentait né pour enseigner les hommes, végétait dans un obscur collége dirigé par des jésuites !

Oh ! que Jacques dut souffrir en voyant toutes ses espérances s'envoler une à une comme les aigrettes du chardon que le vent emporte, comme la feuille d'automne qu'un dernier tourbillon secoue, comme la vigne ses grappes sous la main du vendangeur ! Certes, chacun, ici-bas, a son cercle de misères à parcourir ; mais qu'il est pesant et pénible celui-là donné à l'intelligence, celui-là qui vous empêche de faire un pas et de s'élever jamais !

Que de tentatives furent faites par **M.** Lardeur de Lattaignant pour ramener au bercail la brebis égarée ! Mais Daussy résista à toutes les séductions. Il tardait à cette âme honnête et fière de s'éloigner de l'atmosphère empoisonnée dans laquelle il vivait. Après cinq mois de séjour au collége de Gien , en avril **1842** , ce fut avec une grande joie qu'il quitta ce lieu détesté , emportant les regrets unanimes de ses élèves.

Il revint à Paris. Là , le bonheur rasséréna son visage assombri : n'était-il pas avec deux de ses sœurs, avec ses deux amis ? Bonheur troublé , agité , temporaire , mais que Jacques cependant, même au sein des grandeurs , se rappela toujours avec délices. Écoutez ce qu'il nous écrivait en 1846 :

. . . .

« O mes vingt ans   reparaissez encore ,
Frais d'espérance à mes yeux enchantés !

O temps jaloux, qu'en vain ma voix implore,
Rends-moi ces jours que tu m'as emportés !
A ce prix-là, reprenant ma misère,
Je veux sourire en lui tendant la main.
J'aurais des chants pour son anniversaire.
D'un seuil ami je connais le chemin.

« Jours fortunés où mon âme se noie,
Tant de soucis reposaient sous vos fleurs !
Mais ils passaient sous le vent de la joie,
Sous les baisers qui tarissaient mes pleurs !
Un mot d'ami ramenait l'espérance ;
On fredonnait un air de liberté,
Et l'on vivait content dans l'indigence
Au nom si doux de la fraternité !

« Non, l'ingrat seul, en son âme inféconde,
Fuit son passé quand vient un meilleur jour.
Moi, mes amis, mon beau passé m'inonde
De souvenirs, de jeunesse et d'amour !
Joie et chagrin, tout dans mon cœur repose ;
Je garde tout comme un vin généreux.
Il a pour moi le parfum de la rose ;
Quand j'en ai bu, je me sens plus heureux. »

. . . .

L'heure de la séparation sonna. Les larmes aux yeux, on s'embrassa ; on se fit les derniers adieux en se serrant les mains à se les briser, et tout fut dit.... Hélas ! on ne devait le revoir que cinq ans après et pour la dernière fois. Mais n'anticipons pas sur les événements.

Daussy visita ensuite successivement Rouen, Boulogne-sur-Mer, Londres ; dans toutes ces villes, comme à Gien, il ne fit qu'y végéter. Bientôt cependant nous verrons le jeune aiglon essayer ses ailes, et bien sûr son vol aura du retentissement.

De Londres il était revenu à Boulogne. Il y était depuis quelques jours, lorsque, cédant aux instances de M. Groum, docteur russe, il partit pour Pétersbourg en septembre 1843, ayant seulement trois cents francs qu'il avait empruntés pour ce voyage, mais confiant en son étoile. Après une horrible tempête, il arriva dans la ville de Pierre le Grand, le cœur content, mais la bourse vide.

Heureusement un bon génie veillait sur lui. Le docteur Groum, passant par Boulogne pour

se rendre en Italie avec un général russe, avait
fixé le jour où il serait de retour à Saint-Pétersbourg. Fidèle à sa promesse, cet homme
généreux, le lendemain de l'arrivée de Jacques,
mettait à sa disposition et sa personne et sa
bourse.

Grâce à des offres aussi cordiales, Daussy
put rendre visite à plusieurs personnages distingués dans les sciences, lesquels l'engagèrent
à subir un examen pour être reçu professeur. Il
se livra alors à l'étude avec une ardeur incroyable, et, quelques mois plus tard, il était admis
comme professeur de littérature étrangère à l'é-
cole des officiers d'artillerie. Cette réception et
promotion fut ratifiée, en février 1844, par le
grand-duc Michel lui-même. Il captiva tellement
par ses réponses les célébrités qui l'interrogè-
rent, que de prime-abord on le jugea capable
de donner des leçons particulières au prince
d'Hesse, marié à la grande-duchesse Olga, fille
aînée du czar, que la mort emporta vite.

Pour le dédommager du préjudice que lui
causait le départ du prince d'Hesse, occasionné

par la mort de sa femme, et en même temps
pour lui témoigner l'estime que l'on avait pour
son talent, l'empereur de Russie créa au lycée
impérial de Saint-Pétersbourg une chaire pour
Jacques, qui avait alors à peine vingt-cinq ans !

Comme il a dignement inauguré cette chaire !
Quelles sublimes pensées il a développées devant les nombreux élèves qui se pressaient à ses
leçons ! Comme il électrisait la jeune noblesse
russe, qui plus d'une fois l'a porté triomphalement sur ses épaules en signe de joie et de satisfaction ! Son éloquence était persuasive, entraînante, et on éprouvait tant de plaisir à l'entendre, que c'était comme un charme irrésistible qui pénétrait tout votre être. Quand il
avait cessé de parler, chacun se sentait meilleur qu'auparavant, et se proposait d'imiter les
vertus, les belles actions des hommes illustres
dont le jeune professeur venait de dérouler la
vie.

Gloire d'autant plus grande, triomphe d'autant plus éclatant, qu'il parlait devant l'élite de
la jeunesse russe, devant des jeunes gens con-

naissant les langues européennes comme celle de leur pays.

Sa subite élévation lui suscita bien des haines, bien des jalousies ; mais tant était réelle sa supériorité sur ses rivaux, que les plus envieux disaient :

« Ma foi ! s'il a une bonne place, il la mérite bien. »

Noble hommage rendu à un beau caractère.

Il écrasait tellement ses adversaires et par l'ascendant de son génie et par la générosité de sa conduite, que ceux-là même qui s'étaient montrés hostiles envers lui trouvèrent toujours, outre les emplois qu'il procura à plusieurs, sa bourse à leur disposition.

Si, au commencement, le jeune professeur eut à combattre de basses passions, en revanche, il trouva des âmes qui surent l'apprécier. Un seul fait fera juger qu'il y avait parfois une noble et belle délicatesse qui l'environnait.

Un jour, il fut prié de se rendre chez la comtesse Bobrinski, petite-fille par son mari de la fameuse Catherine II, impératrice de Russie.

Il arrive, on le reçoit.

« Monsieur, dit la comtesse, on m'a parlé de vous si avantageusement, que j'ai désiré vous voir pour vous prier de commencer un cours de littérature étrangère près de mes filles. »

Jacques s'incline, et on parle aussitôt beaux-arts, littérature, politique.

« Et vos conditions, monsieur ? reprend Mme Bobrinski ; c'est une question délicate, mais il faut l'aborder.

— Dix roubles par heure, comtesse.

— C'est beaucoup, monsieur ; mes filles ont tant de professeurs.

— Comtesse, j'aurais cru ne pas vous estimer assez en vous demandant moins.

— Mais mes filles sont déjà âgées, et vous êtes si jeune, monsieur..... Mais n'en parlons plus. Vos heures ? »

Daussy donne ses heures. La comtesse lui présente alors la main, qu'il porte respectueusement à ses lèvres. Il prend son chapeau et s'en va.

Une décade est gagnée : c'est l'heure joyeuse du paiement. Mme Bobrinski l'invite gracieusement à dîner. Il accepte.

« Monsieur, dit-elle après le repas, je vous dois cent roubles, en voici deux cents ; vous me ferez contente en les acceptant. Il y a trois semaines, je vous disais que dix roubles par heure étaient beaucoup ; je ne vous avais pas entendu ; maintenant je veux vous en donner vingt. »

Le jeune professeur fut joyeux.

La comtesse passe à Pétersbourg pour la femme la plus instruite comme la plus spirituelle.

Notre ami trouva Mme Bobrinski très-spirituelle ce jour-là.

M. J. Cournand, professeur au lycée impérial, fut aussi un juste appréciateur du mérite de Jacques ; il le protégea et l'honora de son amitié.

Tous ceux qui ont connu Daussy l'ont aimé. Sa figure, franche, expressive, plaidait en sa faveur, et sa parole harmonieuse avait un attrait indéfinissable. Il y avait dans cet homme je ne sais quoi qui vous subjuguait tout d'abord. Jacques était un citoyen d'élite, et autant nous sommes agréablement ému, autant notre âme est ravie en le voyant noblement accueilli en Russie, pays que nous autres Français appelons barbare ; autant notre cœur se serre, autant nous sommes navré en voyant une si belle intelligence méconnue par la France, se proclamant la reine de la civilisation.

Le bonheur de notre ami eût été de tout voir, de tout explorer, de tout étudier. Il lui fallait quelque chose qui l'usât et le dévorât. Tout étudier, être libre, et passer sa vie comme le juif-errant cinq sous dans sa poche, voilà ce qu'il eût voulu ! C'est pour satisfaire à ce besoin impérieux de tout connaître, que le jeune professeur, en 1845, sollicita une mission scientifique dans les plateaux de la haute Asie. Malheureusement, à cause de son grand mérite, on refusa de le laisser partir.

Des larmes de joie tremblaient à ses deux yeux quand, dans ses excursions, il rencontrait des compatriotes : il lui semblait revoir la France. Pendant son exploration dans la Finlande, où la langue de ce pays est un idiome bâtard, et que souvent il ne comprenait pas, il trouva un jour perdue dans les montagnes, au milieu des forêts, dans un village environné de paysages enchanteurs, une famille, deux jeunes sœurs, une mère, lesquelles le voyant embarrassé pour s'exprimer sourirent, pleines de grâce et de bonté, et lui dirent :

« Vous êtes Français, monsieur ! et notre père était Français ! »

Simples paroles qui émurent profondément Jacques.

Le plus grand bonheur pour un exilé, n'est-ce pas de retrouver loin de sa patrie des cœurs compatriotes ?

Notre ami passait souvent de la tristesse à la joie. Il était joyeux, d'une gaieté folle, lorsqu'il recevait des lettres de la France, de sa France bien-aimée. Mais presque toujours il était triste : il vivait plus dans le passé que dans le présent. Ses souvenirs peuplaient sa solitude, et quand

il était trop fatigué de la ville, il sortait et se
laissait emporter dans des intervalles immenses.
De l'air, beaucoup d'air, voilà ce qu'il fallait à
cette tête volcanique, à cette âme passionnée,
ardente. Qu'il était content quand il ne voyait
que ciel et neige autour de lui ! Comme il était
heureux, comme il se sentait renaître dans la
forêt, dans la plaine, dans la vallée, sur les monts !
Seules, sous le ciel froid du Nord, les merveilles
de la nature avaient cette puissance.

Il était fait pour l'intimité ; il était bien en
société, parce que parfois il aimait le tourbillon,
ce qui l'emportait et l'empêchait de penser ;
mais sa nature en société n'était pas vraie, n'é-
tait pas calme. Ceux qui ne l'ont vu que là ne
l'ont point connu. Néanmoins, quand il allait à
une réunion, il en était le héros, et, bon gré,
mal gré, il fallait qu'il parlât. Nous nous con-
tenterons de citer l'anecdote suivante :

Dans une soirée, de jeunes personnes, charmantes Russes, s'il en fut jamais, se trouvaient
réunies. C'était un retour, non de printemps,
mais d'hiver. Chacun revenait de ses terres, de

ses châteaux, de l'étranger. C'était joie de se revoir.

« Des vers ! » firent-elles toutes ensemble en apercevant le jeune professeur.

Et formant aussitôt un large cercle de leurs corps gracieux autour de lui :

« Voici le cercle de Pompilius, monsieur ; nous sommes l'ambassadeur ; vous ne sortirez pas que vous n'ayez parlé. »

Et leurs rires étaient folâtres et persuasifs.

Franchement, jamais plus douce ni plus électrisante chaîne de têtes blondes et adorables.

Jacques commença, quoiqu'il eût voulu jouir longtemps de sa belle prison :

« Des vers ! en vérité, je ne sais plus en faire ;
Votre sourire seul autrefois m'inspirait ;
   J'ai tout perdu, perdant ce doux salaire ;
   Humble oiseau, je chantais quand le ciel s'étoilait. »

Or, il y avait longtemps qu'il ne les avait vues.

La noblesse de Pétersbourg était heureuse et fière de le posséder : souvent, le soir, elle se réunissait en petit comité, avide qu'elle était d'entendre les éloquentes et fructueuses paroles du jeune professeur. Que de germes de liberté il a jetés au milieu du peuple russe, qui tôt ou tard porteront leurs fruits !

Il est d'autant plus digne d'éloges, qu'il avait beaucoup de difficultés à vaincre pour ne pas dénaturer l'histoire. Ses manuscrits, que nous avons sous les yeux, portent écrits en marge, au crayon, par une main étrangère :

« Je vous aurais conseillé d'omettre toute politique. »

Plus bas :

« Une autre expression, je vous prie. »

Plus loin encore :

« Prenez garde ! de semblables expressions chez nous ! Il vaut mieux ne rien dire. »

Or, voici quelles étaient ces expressions :

Dans son *Histoire ancienne*, en parlant des Phéniciens, Daussy a dit :

« Le commerce, qui a besoin de sécurité et
« d'indépendance, ne subsiste qu'imparfaitement
« sous les gouvernements du bon plaisir. »

Les mots BON PLAISIR étaient ceux dont il fallait changer l'expression.

Quelques lignes plus bas, il a écrit :

« Et, d'ailleurs, les troubles qui si souvent
« agitèrent les villes de la Phénicie, comme le
« prouvent quelques-unes de leurs colonisations
« lointaines, sont autant de faits qui montrent
« que les Phéniciens n'étaient point assujétis
« à des tyrans revêtus d'une autorité suprême. »

Les mots ASSUJÉTIS A DES TYRANS REVÊTUS D'UNE
AUTORITÉ SUPRÊME étaient ceux pour lesquels on
avait écrit en marge :

« Prenez garde ! de pareilles expressions chez
nous ! Il vaut mieux ne rien dire. »

La pensée de notre ami n'était donc pas
libre, et pourtant, malgré les obstacles qu'il a
rencontrés sur sa route, il a toujours donné aux
événements qu'il a retracés leur véritable caractère ; toujours il a été d'une belle impartialité.

Non-seulement il eut assez d'énergie et de
volonté pour ne pas profaner l'arche sainte de
son génie par de pitoyables mensonges, mais
encore il sut toujours remplir dignement ses
devoirs ; toujours il sut résister aux offres sé-
duisantes qui lui furent faites. Que de fois,

après avoir passé l'examen d'un élève, il trouva sur un meuble de son appartement un billet de banque, qui sur-le-champ était renvoyé !

Beaux exemples pour ceux qui viendront après lui !

Des succès brillants, mérités, avaient donc couronné les nobles efforts du jeune professeur. Il pouvait désormais sourire à l'envie et à la méchanceté, car il était chéri, adoré de ses nombreux élèves ; estimé, recherché, applaudi, fêté par la noblesse russe ; honoré de la visite de l'impératrice, qui souvent assistait à ses leçons ; remarqué enfin par le czar lui-même, qui, pour ses bons et loyaux services, lui accordait une gratification.

Eh bien ! malgré tous ces incontestables avantages, dus à la supériorité de son talent, Daussy n'était pas heureux : n'était-il pas sur une terre étrangère ? Il manquait à cette âme aimante le beau ciel de sa patrie, sa famille, ses deux amis de Paris.

Pour s'étourdir, il se jetait dans un travail de feu ou se lançait dans le tourbillon des fêtes ; mais, vains efforts ! ses souvenirs de la France se pressaient sans cesse à son imagination, à sa mémoire.

Et comment en aurait-il été autrement pour Jacques ? Quand chez les grands de son pays il n'avait trouvé qu'hypocrisie et mensonge : quand, se sentant du courage au cœur, il se consumait inutilement sans savoir comment sortir de l'étau de fer qui l'emprisonnait horriblement, n'avait-il pas rencontré sur son chemin deux cœurs comme le sien, qui de temps en temps avaient fait luire un rayon d'espérance sur son front triste et découragé ? Tous trois, en se voyant pour la première fois, ne s'étaient-ils pas aimés et compris ? Leur amitié était donc indissoluble. Aussi, rien ne peut se comparer à son enthousiasme, lorsqu'il vit qu'il pouvait enfin réaliser un de ses rêves ; lorsque, après cinq ans d'absence, il put, en 1847, quitter la ville fondée par Pierre le Grand, voler à Paris pour embrasser et sa famille et ses deux amis. Avec quel bonheur, un an plus tard, il a retracé cette touchante entrevue dans une lettre qu'il nous écrivait :

« Mes bons amis, pardonnez ma gaîté,
Car je vous aime en toute vérité.
Un an passé, frappant à votre porte,
Vous m'embrassiez. Ah ! mon cœur me transporte
Aux lieux aimés encore où vous vivez !
Bien sûr, amis, vous vous en souvenez ;
Mon poing frappait, tant je sentais d'ivresse !
« Ah ! c'est Daussy ! » Alors la voix oppresse.
Je ne dis rien ; je tombai dans vos bras.
Voici ce jour, et ne s'embrassent pas
Les vieux amis ! Que les larmes sont douces
Aux jours bénis de si tendres secousses !
Je vis ma mère ! Ah ! le bonheur suprême,
Mes bons amis, c'est de vivre où l'on aime. »

Cette félicité, il la goûta deux mois entiers. Durant tout ce temps, il put réunir autour de lui tout ce qu'il aimait : sa mère, son frère, ses sœurs, ses deux amis. Pendant soixante jours, on s'enivra de sa présence, et quand le pénible moment des adieux fut venu, les muses firent un miracle en notre faveur en nous inspirant les quatre vers suivants :

Durant deux mois entiers, ton séjour dans la France
A versé sur des cœurs, qui sont remplis de toi,
Un océan de joie et de douce espérance.
Autant qu'en Dieu lui-même en toi nous avons foi.

Ce furent les dernières paroles qu'il emporta de la France.

Le 1ᵉʳ août 1847, il s'embarquait au Havre sur le vaisseau *le Tage*, pour retourner dans la ville de Pierre le Grand, où de nouveaux triomphes l'attendaient.

Dix mois s'étaient écoulés depuis son départ ; il était sur le point de revenir à Paris, où un bonheur pareil à celui dont il avait déjà joui allait encore lui être réservé, quand la terrible insurrection de juin, fomentée par les partis monarchiques, l'en empêcha.

On était au commencement de juillet 1848.

Le choléra sévissait alors avec fureur à Pétersbourg, qui ressemblait à un tombeau. Notre ami s'était évadé de cette ville et avait fixé temporairement ses pénates à Tsarsko-Célo, résidence impériale, petit endroit fort joli, à cinq lieues de la capitale. (Plus tard, on pu-

bliera la magnifique description de Tsarsko faite
par Daussy.) Établi depuis plusieurs semaines
dans une superbe villa, Jacques descendait,
sinon gaiement, du moins philosophiquement,
le fleuve de la vie, lorsque, le samedi 15 juillet, à midi, une catastrophe épouvantable l'at-
teignit. Nous le laisserons la raconter lui-même.
C'est la dernière lettre qu'il écrivit à sa malheureuse mère, qu'il voulait rendre si heureuse
et entourer de tout le luxe de la vie :

« Il est trois heures ; j'ai dîné et j'ai dormi.

« Il y a trois heures, ma bonne mère, je
manquai à être assassiné, déchiré, emporté par
lambeaux.

« Le choléra est à Pétersbourg.

« J'aime mieux vous le dire que de vous
laisser épouvanter par les journaux.

« Ne craignez rien ; la grande crise est passée, et la sobriété guérit et chasse le choléra.

« Et moi, je veux vivre.

« Or, les paysans russes se sont imaginé, je
ne sais comment ni pourquoi, que le choléra
n'est pas une maladie, mais un homme. Il

porte une redingote noire ; il a des fioles et des poudres dans ses poches : il empoisonne les fontaines.

« De là mon aventure.

« Je puis rire maintenant ; mais, franchement, je n'étais pas à la noce.

« Vous avez lu ma folie pour les promenades en plaine.

« Ce matin, il faisait beau ; je suis sorti. J'étais content. J'allais je ne sais où, à travers champs, prairies et collines ; cueillant une fleur ici, là courant après un papillon. J'étais à trois heures de Tsarsko, suivant les petits sentiers et me trouvant tout à coup sans chemin.

« Il y avait là un marais et un fossé. Un bond, je suis devant un magnifique troupeau de vaches.

« Il était midi. Les femmes venaient traire ces vaches.

« J'avais une redingote noire.

« Le soupçon se communique.

— « Où allez-vous ?

— « Que t'importe ? je me promène.

« Un instant, et cinquante à soixante personnes, hommes et femmes, m'environnèrent : les hommes armés de faux, de pioches, de bêches, de râteaux et d'autres instruments aratoires.

« La peur rendait furieuse cette foule. Je ne vis jamais rien de si horrible. Les femmes étaient haletantes, hideuses.

« Personne n'osait me toucher cependant. Il paraît que mes yeux, pleins de colère, les épouvantaient ; et aussi un jonc que j'avais à la main, ayant pour tête une griffe d'argent tenant une agate.

« Une sentinelle, du haut de la tour du village, m'aperçut. La police vint. Elle voulut me défendre.

« On l'accusa de favoriser les empoisonneurs et le choléra.

« On dit que j'avais des fioles, des poudres dans mes poches.

« D'un bond je fis sauter tous les boutons de ma redingote. Je la leur jetai, mon gilet aussi.

« J'ouvris ma poitrine ; on visita tout.

« Je voulus partir. Impossible. On me barra le chemin. Si quelqu'un avait levé la main sur moi en ce moment, j'étais perdu.

« Ma présence d'esprit, un peu, et la Providence, beaucoup, me sauvèrent.

« Un homme avait de l'influence sur cette foule.

« Je saisis son bras vigoureusement ; et, sans lui donner le temps de se reconnaître, je l'entraînai hors de cette meute forcenée.

« Une heure cette lutte avait duré. »

Dix jours après cette funeste aventure, le 25 juillet 1848, à trois heures du soir, le jour de sa fête, Jacques rendait à Dieu la belle âme qu'il en avait reçue, emportant dans la tombe l'estime générale.

Il n'avait que vingt-neuf ans.

Lui qui enseignait aux humains l'amour de la belle littérature ; lui qui leur prêchait la fraternité, mot sublime qui tomba de lèvres divinement souveraines, et que les hommes de généreux élan et de force ont compris, a été pris pour un empoisonneur par un troupeau de serfs russes abrutis par l'ignorance et la superstition !

Cette mort prématurée enlève à la Russie son premier professeur ; à la France, un de ses plus nobles enfants ; à l'humanité, un de ses apôtres les plus éclairés, les plus dévoués.

Pour éterniser leurs regrets et en même temps pour montrer la vénération qu'ils ont pour sa mémoire, ses élèves reconnaissants lui ont élevé un tombeau. C'est une colonne en granit surmontée d'une croix.

Quoique moissonné à la fleur de l'âge, Daussy vivra dans le souvenir des hommes.

Est-ce qu'il n'a pas laissé pour l'immortaliser une *Histoire des Beaux-Arts* que l'on publie aujourd'hui? Cette histoire n'est-elle pas pleine d'enseignements? Nos hommes d'État actuels peuvent y puiser plus d'une leçon. Qu'ils la parcourent, et ils verront « que s'arrêter quand « marche l'humanité, c'est faire l'œuvre d'un en- « fant qui voudrait intercepter les eaux d'un fleuve « avec la main. » Cet ouvrage atteste de l'élévation dans les idées, de la force dans le raisonnement et une sanité de jugement peu commune. Le style en est riche, précis, simple et sublime à la fois.

Les crimes des papes et des rois y sont mis au ban de l'humanité.

Comme sous sa plume revivent les actions, les vertus éclatantes ou obscures des grands artistes de l'Italie, qui aujourd'hui se débat sous le sabre de l'égorgeur Radetzki ! ! !

Comme on est saisi d'admiration en voyant tant d'hommes illustres nés sous son chaud soleil !

Et c'est une si noble terre, qui enfanta de si admirables génies, que la barbarie voudrait rendre esclave !

Mais la liberté et la civilisation ne reculeront pas, et les hordes sauvages qui souillent le territoire de l'ancienne maîtresse du monde y laisseront leurs cadavres pour engraisser ses plaines fertiles !

Dieu et la France l'ont ainsi décrété.

Après l'*Histoire des Beaux-Arts*, on publiera l'*Histoire littéraire des hommes célèbres qui ont illustré la France par leurs écrits depuis l'établissement de la langue latine dans les Gaules jusqu'au dix-neuvième siècle* 1844.

Que d'écrivains remarquables sont passés en revue par notre ami ! Comme leurs œuvres sont judicieusement appréciées ! Parmi tant d'auteurs différents, dont la plupart ont un nom européen, notre inimitable Béranger occupe le premier rang. Le jugement que Jacques a porté sur cet homme extraordinaire, sur ce grand poète, qui a les sympathies du peuple français, restera comme un monument impérissable de son génie. L'esprit reste confondu devant une appréciation aussi vraie, aussi profonde.

Comme la vie de Jacques a été courte, mais comme elle a été bien remplie! En moins de cinq ans il lègue à la postérité, outre son *Histoire des Beaux-Arts,* une *Histoire littéraire* sur les Français qui se sont distingués par leurs écrits ; une *Histoire ancienne ;* une *Histoire de la Littérature grecque ;* un Recueil de Poésies ; des descriptions magnifiques.

L'*Histoire des Beaux-Arts* sera lue avec plaisir non-seulement par les peintres, les statuaires, les architectes, mais encore par la studieuse et républicaine jeunesse des écoles, et par tous ceux enfin qui aiment le beau et le vrai.

Cette Histoire sera recherchée avec avidité par tous les Italiens qui veulent la liberté et l'indépendance de leur belle patrie.

Paris, 15 janvier 1849.   A.-A. PUZIN.

HISTOIRE

DES

BEAUX-ARTS.

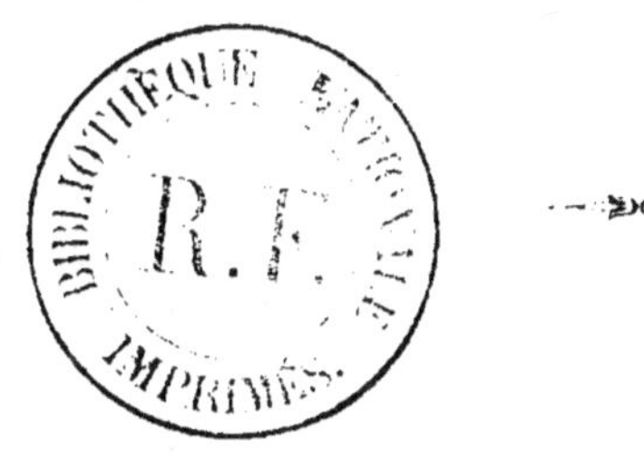

CHAPITRE PREMIER.

Faire l'histoire des arts, c'est faire l'histoire des besoins et des croyances populaires. Les arts sont les conservateurs, les vivants souvenirs des pensées et des passions nationales, et partant la juste expression de la civilisation d'un peuple. Ils communiquent par des liens si étroits avec

1

les masses, que seulement avec des débris de palais ou de temples on reconstituerait l'édifice social d'une génération morte. Byron évoquait toute l'histoire de Venise en contemplant les portraits des doges. Ils suivent les révolutions politiques ; l'abaissement ou la grandeur de la nation est la mesure de leur ruine ou de leur prospérité. Ils vivent de la vie des peuples, et il faut qu'ils en ressentent toutes les émotions, toutes les espérances, tous les malheurs. Fleuves superbes, ils traversent en le fertilisant le monde ; mais leurs eaux portent la couleur des terrains sur lesquels ils se promènent.

L'artiste ne puise pas seulement dans son imagination, il est naturellement et nécessairement dominé par la pensée sociale et religieuse. Il a une patrie, un culte, une loi ; il ne saurait se dépouiller de ce qui fait sa force. A quelque angle de sa pyramide ou de sa cathédrale, il déposera et imprimera les marques de sa croyance et de son origine : la religion des peuples se retrouve aux frontispices des monuments.

L'Orient, aux inspirations mystérieuses, au sa-

cerdoce despotique et voilé, a semé l'inquiétude et
le saisissement dans la funèbre profondeur de ses
vastes souterrains. Le grandiose , la magnificence appartiennent à ses fantastiques constructions; et sous les flots abondants de son chaud
soleil, sous l'influence terrible et désespérante de
sa foi, l'artiste , dans une incroyable exubérance
d'imagination, au milieu d'efforts prodigieux , de
rêveries et d'extases, a fait surgir ces féeriques
babels dont les spirales se perdent dans les cieux.

Là, une seule idée, une seule architecture. Là,
un seul dogme, une seule inspiration.

Mais les arts sont les enfants de l'intelligence et
de la liberté. Pour qu'ils vivent, il leur faut l'air
qu'on respire sur les monts, les clartés qui descendent du ciel, non les clartés qui montent
d'en bas et qui bientôt s'éteignent ; non les
étreintes brutales du despotisme , mais les illuminations du génie.

Favorisée par sa religion poétique, par ses institutions républicaines, la Grèce eut des données plus
larges, plus diversifiées, plus indépendantes. Sous
peine de l'étouffer, des entraves ne pouvaient peser

longtemps sur l'art grec ; il naquit en jetant un cri de douleur et d'indépendance.

La lumière se fait lentement et péniblement à la parole des hommes. Ceux qui ont doté le monde de leurs œuvres et semé des germes civilisateurs ont souvent moissonné la risée et l'insulte. Ils sont morts dans l'humiliation et la misère. Du vieil aveugle de Smyrne au visionnaire sublime qui jeta « comme un joyau de femme un monde aux genoux d'Isabelle, » combien ont expié dans les malheurs les triomphes de leur intelligence ! combien ont lutté contre l'esprit obstiné des hommes ! Les vieilles légendes helléniques sont pleines de mythes, témoignages palpitants des efforts inouïs des premiers bienfaiteurs des générations : brisez l'enveloppe qui couvre ces fables, et jaillira l'étincelle de la vérité. Orphée, déchiré par les bacchantes furieuses ; Phaéton, incendiant la terre et tombant embrasé sous les feux de son char ; Prométhée, enchaîné et foudroyé ; Titan, s'essayant à l'escalade du ciel et vainement amoncelant les montagnes, sont des symboles qu'enfanta l'imagination religieuse et

tremblante des peuples, pour montrer l'audace,
les luttes et les déceptions du génie humain, voulant conquérir son indépendance contre un sacerdoce stationnaire, vindicatif et jaloux.

L'art égyptien se développe dans sa compacte
unité; l'art grec, dans sa libre individualité. La
beauté de celui-là consistait dans la masse; dans
la forme, la beauté de celui-ci. Le premier s'é-
lève imposant et muet comme ces pyramides du
désert; le second s'épanouit svelte, varié, élégant
et voluptueux.

En Italie, l'art perd sa beauté personnelle.

Quand Sylla met le pied sur la Grèce, il fait
un rapt immense des chefs-d'œuvre de la grande
époque et les fait passer à Rome. Les artistes
émigrent. La souveraine des nations leur offre
une hospitalité généreuse : après la gloire des armes, elle ambitionnait la gloire des arts. Charges, dignités, faveurs affluent sur la tête des gens
de lettres, des architectes, des peintres, des statuaires. Elle s'est faite riche des dépouilles des
peuples; dans les arts, ce sont encore des dépouilles qui la parent. Née pour violenter, elle

s'approprie comme un légitime héritage toutes les données artistiques et les fond dans une colossale unité ; mais sur ce trophée, conquis par la force, demeurent toujours l'empreinte du glaive et la marque de la première origine.

Sous les empereurs, les Romains sont blasés. Néron brûle la ville, ne la trouvant pas assez belle, et Auguste avait dit :

« Je la laisse toute de marbre. »

On tend à de continuelles innovations : sous Néron, les colonnes accouplées prennent naissance, et les piédestaux sous Adrien ; la simplicité est perdue. Après la grande période latine, viennent, dit Sismondi, « cinq siècles de honte et cinq siècles de barbarie. »

Cependant, dans la nuit même du moyen âge, l'art n'est pas anéanti ; la pratique demeure ; l'étincelle est toujours sous la cendre. Mais l'Europe éprouve des luttes si acharnées, des secousses si violentes, des désastres si inouïs, que, malgré de généreux efforts, l'art ne peut lever son front au milieu de ces ouragans des peuples. Des artistes ont travaillé : ils ont laissé des témoignages de leur foi, des expressions naïves et fortes de leurs sentiments ; et si faibles qu'ils fussent, ces germes conservés, ces grossiers et informes essais ont enfanté la renaissance.

« L'art, dit Leclanché, ne pouvait se perdre entièrement dans la malheureuse et intelligente Italie. »

Et puis il y avait deux luttes : l'une procédait de la sévérité évangélique et de la férocité vandalienne ; l'autre, du culte des images et de la vocation du talent, sorte d'apostolat qui ne tremble pas devant le martyre. Dans le secret de sa maison, dans le silence des forêts, dans la profondeur des cavernes, l'artiste se cachait pour donner naissance aux conceptions de son génie. Les légendes du moyen âge parlent souvent de peintres, de statuaires persécutés, emprisonnés, mutilés, pour avoir fait jaillir du marbre ou peint sur la toile l'image de la madone ou des saints, et miraculeusement guéris.

L'amour de la possession ajouta même à l'esprit de conservation parmi les Barbares. Attila se faisait peindre recevant les tributs des empereurs romains à genoux devant lui ; le sage et vertueux Théodoric protégeait et animait les arts. Il nommait un comte, un architecte, le Romain Aloïsius, pour l'inspection et l'entretien des édifices, et lui disait :

« Nous voulons que notre sublimité veille à la conservation des monuments antiques et qu'elle en construise de nouveaux, auxquels il ne manque, pour égaler les anciens, que la vétusté. Combien de connaissances vous sont nécessaires ! combien vous devez être habile, intègre, pour accomplir d'aussi importants devoirs ! Décoré d'une verge d'or, vous marcherez immédiatement devant nous, au milieu de nombreux officiers qui nous entourent, afin que nous ne puissions jamais oublier combien il importe aux rois que leurs palais annoncent leur magnificence. »

Mais l'art se transforme.

Quand les os des martyrs sont retirés des catacombes et que les peuples ont le droit et la consolation de pouvoir saluer la croix symbolique planant sur le dôme des églises, l'énergique jeunesse du christianisme comprime et étouffe les croyances et passions païennes. L'art byzantin surgit. Byzance est la barrière qui sépare le vieux monde du monde nouveau.

La transition, cependant, n'est ni complète ni radicale. L'art nouveau ne peut se dépouiller d'une manière absolue des enseignements de ses vieux maîtres, ni rejeter les souvenirs qui l'obsèdent. La foi nouvelle frappe de réprobation et maudit la religion antique ; son indignation soulève le vent de la tempête ; mais tout ne sombre pas dans le naufrage. La poursuite est acharnée, violente, incendiaire ; mais il y a des jours de lassitude, d'oubli ou de repos. Iconoclaste, Constantin se revêt de la foi sévère des catacombes ; puis abdique, dans la versatilité de sa croyance, son zèle dévastateur et réhabilite le culte des images. La religion, plus forte, devient plus tolérante ensuite ; elle abandonne sa sévérité primitive et met à son service la pompe et la magnificence des arts. Le monument païen devient le type du monument chrétien ; la donnée architectonique est nouvelle ; mais ni les traditions, ni les souvenirs, ni les imitations ne s'évanouissent.

Confiante, quand le temps est venu, en son triomphe, après les jours sanglants de la lutte, l'Église rassemble et protége les débris éparpillés des chefs-d'œuvre antiques. L'art agonisait et râlait à ses pieds ; elle se tourna vers lui, déchira le suaire qui couvrait sa face, lui cria comme Jésus à Lazare : « Lève-toi ! » Le mort se leva ; le sang coula de nouveau dans ses veines ; nouvelle fut sa force et nouvelle sa jeunesse. Il s'abrita sous le manteau de l'inviolable souveraine, et, secouant la poussière du tombeau, il se répandit par le monde.

La renaissance est signalée par de grands événements. La pensée religieuse domine. Une voix retentit au pied du Golgotha et appelle l'Occident à la délivrance de Jérusalem. En l'an 1000, Gerbert fait appel à l'Europe. Sous Urbain II, Pierre l'Ermite arrache à leurs châteaux les nobles barons et les pousse vers la Palestine. Le mouvement est immense ; l'Europe entière s'ébranle et verse ses populations sur l'Asie. Douloureuse représentation, drame héroïque, qui commence aux premières prédications et qui se

termine à la défaite de la Mansourah (1095-1270) ;
drame que les contemporains ne pouvaient pas
juger.

« Le monde n'a pas permis qu'ils laissassent
une renommée, disait Dante en parlant des croisés ;
regardons-les, passons, et ne parlons point d'eux. »

La même pensée religieuse fait sortir de terre
une multitude de monastères : l'an 1000 avait
épouvanté les peuples. La langue et la civilisation romaines, chassées du monde par les grandes
invasions , s'y retirent ; la religion absorbe la
littérature. Jusqu'au douzième siècle , la science
demeure sacerdotale. Mais alors l'esprit humain
impatienté se remue ; il a besoin d'aliments, car
il se sent une forte existence. Les murs du cloître sont trop resserrés ; il faut qu'il s'évade et
se propage. Les sciences humaines se détachent
des sciences divines. La fondation des premières
universités est l'époque et la manifestation d'un
esprit nouveau, d'un besoin nouveau. Dans les
trois premières décades du treizième siècle , s'ou-
vrent instantanément les universités d'Oxford, de
Salamanque, de Naples, de Paris.

« C'est un essai d'indépendance de l'esprit humain, dit Lebas. C'est la foi et le savoir qui
s'unissent; le champ de la pensée devient plus
vaste; il n'est pas encore plus libre. »

L'Italie est belle d'espérance et d'énergie; les
Italiens ont ouvert leurs cœurs au patriotisme et
à la liberté; les villes se sont formées en républiques rivales; les riches, les nobles, forcés par
les invasions, abandonnent les châteaux et viennent se réfugier dans les cités. Les habitations
seigneuriales rasées, la bourgeoisie force la noblesse à s'unir à elle pour se défendre. Les rangs
sont rapprochés, parce que les dangers sont communs, que les triomphes le sont encore. La bourgeoisie ne courbe pas la tête sous le joug des
seigneurs; elle a conservé les souvenirs d'une
longue indépendance, s'est aguerrie en combat-
tant et s'est donné une organisation municipale.
L'élément féodal est dompté; mais la Lombardie
est pleine d'inimitiés sanglantes : toutes ces villes
italiennes sont trop riches, trop puissantes, leur
individualité trop prononcée pour former un seul
État. De là tant de haines, tant de déchirements

intérieurs , tant d'épouvantables rivalités ! Au
sein de Rome , un élève d'Abailard , Arnaldo
de Brescia, essaie à régulariser la licence révolutionnaire ; mais, victime dans la lutte, son corps
est brûlé sur un bûcher et ses cendres jetées au
Tibre. La longue querelle du sacerdoce et de l'empire se termine ; les papes s'associent au mouvement populaire. Ce mouvement est général ;
la sève vigoureuse de la régénération s'infiltre à
travers toutes les branches de la société ; quand
tout se réveille et s'émeut sous le vent qui passe,
l'art se réveille et s'émeut aussi. Florence , au
commerce intérieur plus national, plus intègre ,
plus dédaigneux des autres, proclame sa lumineuse
renaissance.

CHAPITRE II.

Au douzième siècle, Byzance, la ville des pa-
triarches, est encore le foyer des arts ; ses artistes, baptisés par l'eau de la religion moderne
et inspirés par la foi, sont toujours les ouvriers
de l'Occident. Pieux, actifs, mais attardés dans
leur système, ils demeurent opiniatrément fidèles
à leur vieux symbolisme. Pendant que la pauvre
Italie éprouve toutes les calamités d'une tourmente révolutionnaire et fait l'essai d'un grand
nombre d'institutions politiques, eux conservent

l'étincelle du feu sacré sur l'autel des beaux-arts. Courageux apôtres d'une double religion, en répandant au dehors les pensées artistiques, ils répandent aussi la productive semence du christianisme. Non-seulement ils n'attendent point que les peuples les appellent, mais encore ils vont offrir leurs bras, leur talent, leur courage à qui veut bâtir des églises ou peindre des chapelles à la Vierge. Mais à peine le douzième siècle a disparu dans l'abîme du passé, que tressaillent les grandes cités de la Toscane et de la Lombardie ; le génie privilégié des arts s'envole des rives du Bosphore et vient s'abattre sur la démagogique et turbulente Italie.

Un enfant, le Cimabué, reçoit de ces pauvres ouvriers byzantins les premiers principes de la peinture. Le germe déposé dans son intelligence active et précoce hâte la maturité de ses fruits, car Dieu suscitait sa jeunesse pour la rénovation de l'art. Il naît à Florence en 1240, huit mois avant la mort du pape Grégoire IX et durant la guerre de la ligue lombarde contre Frédéric II.

Selon Vasari, sa vocation se révéla de bonne heure ; tout jeune, il n'avait de jouissance qu'à dessiner les fantaisies de sa précoce imagination. Il demeurait indifférent aux leçons de ses maîtres ; mais souvent il s'échappait de l'école pour voir les artistes byzantins qui travaillaient à Sainte-Marie-Nouvelle. Ces peintres le demandèrent à son père pour lui enseigner la peinture, et son père ne refusa pas. Cimabué se mit à l'œuvre, ayant foi en son courage et en son inspiration ; son génie secoua les vieilles traditions byzantines, le joug imposé par l'école, la routine, dont personne ne se délivrait.

Les villes voisines de Florence réclament son talent. Il remplit leurs temples, leurs monastères de fresques ingénieuses, de fraîches peintures, de naïfs sujets. Les années s'écoulent, et pas un tableau profane n'interrompt son religieux labeur. Les récompenses des villes l'environnent ; le peuple lui prodigue la louange et s'émeut aux merveilles qu'il enfante. De retour à Florence, il fait pour Sainte-Marie-Nouvelle, théâtre de ses premières et précieuses inspirations, une madone

d'une beauté la plus ravissante que l'on ait vue
encore. La foule, ravie d'admiration devant ce
chef-d'œuvre, s'en empare dans l'élan de sa joie
et de son enthousiasme, et, au bruit des trompettes et des acclamations, la porte jusqu'à l'église
où elle doit être déposée.

Charles d'Anjou traversait la cité florentine,
et les magistrats pensent ne pouvoir mieux lui
témoigner leur satisfaction qu'en lui montrant cette
merveilleuse madone. Le peintre travaillait dans
une maison de campagne près la porte Saint-
Pierre : personne n'avait vu encore la vierge inachevée. Tous alors, hommes, femmes, enfants,
courent pour la contempler. Le succès de Cimabué passe dans le souvenir populaire, et la
campagne où il travaillait reçoit le nom de *Bourg-
la-Joie*. Ainsi se manifestait l'ivresse spontanée
et reconnaissante du peuple ; mais autant que
l'habileté du peintre, la religion ardente de l'é-
poque avait provoqué cette ovation improvisée.

Ainsi se réveillait la peinture. Le bruit des armes
s'évanouissait au seuil du paisible atelier des arts ;
et cependant s'accomplissait une épouvantable

vengeance contre « celui qui avait arboré la croix
du brigandage. » Le lundi de Pâques, à deux
heures du soir (1282), commençait le terrible
drame des Vêpres siciliennes.

Roi de la peinture, le fier Cimabué ne conserva pas son sceptre. Un de ses élèves, un fils
de pâtre, Giotto, enleva à son maître son éblouissant diadème; et, dit Vasari, « la renommée de
celui-ci s'éclipsa devant la renommée de celui-là,
de même qu'une petite lumière pâlit à côté des
rayons éclatants d'un grand foyer. »

Il meurt en 1300 ou 1310.

Le treizième siècle, que nous prenons pour date
de cette histoire, prépare les plus grands développements de l'esprit humain ; il enfante la
poésie et les arts : Dante et Giotto. Son architecture porte évidemment l'empreinte des mœurs
du temps; elle est toute républicaine, toute destinée à une utilité commune : les murs des villes,
les palais de la communauté, les temples ouverts
à tout le monde, les canaux qui répandent la
fertilité, sont des ouvrages de l'époque. Toutefois,
l'architecture religieuse précède ; au douzième

siècle, Venise et Pise ont élevé de superbes églises.

Nous parlerons bientôt de ces villes.

Arnolfo, autre élève de Cimabué, recueille pieusement et agrandit l'héritage paternel. Fils de l'architecte Jacob, il couvre de palais magnifiques l'heureuse Toscane, fortifie Florence, donne le plan de Sainte-Marie-la-Fleur, monument qui devait, selon le souhait des Florentins, surpasser les plus beaux monuments de la terre, et en jette les fondements « avec tant de solidité et de précision, » que plus tard ce temple peut supporter la coupole immense de Brunelleschi. L'artiste ne voit pas s'achever son œuvre : la vie d'un homme était insuffisante pour un travail si gigantesque.

Il meurt vers ce temps où le pape Boniface VIII institue le jubilé centenaire (1300).

Si Florence est favorisée par les arts, Pise, sa grande rivale, ne l'est pas moins. Plus riche, au douzième siècle, que sa superbe ennemie; mieux située; ouvrant son port aux flottes qui sillonnent la Méditerranée, un instant elle espère détrôner

cette orgueilleuse souveraine. Tant que sont forts
les Gibelins, redoutable est sa force; eux tom-
bés, tombe aussi son pouvoir. Alors Florence ne
craint plus d'ombrage ; elle s'élève tous les jours,
écrasant les autres républiques de sa force ou
de son dédain superbe. Elle a fait triompher les
Guelfes; à leur tour, ils la font triompher.

Pise cependant conserve quelque temps l'éclat
de ses beaux jours. Les arts, auxquels elle a
donné asile, protégent et défendent sa faiblesse ;
une flotte des Pisans cingle vers le Campo-Santo,
chargée de bas-reliefs antiques, précieuses dépouilles qui vont inspirer et conduire le ciseau
des artistes.

Nicolas de Pise étudie ces modèles inspirateurs ;
il réchauffe entre ses mains actives la statuaire
froide et décolorée ; arrache le drap funèbre qui
la recouvrait depuis longtemps, et rappelle à son
cœur le souffle de la vie. Plus que l'architecture, plus que la peinture elle a souffert, et
néanmoins son temps d'expiation n'est pas encore
terminé. Après Nicolas de Pise. elle va se re-
coucher de nouveau dans l'oubli où elle a été

précipitée, et elle attendra encore tout un siècle
pour que sonne l'heure de sa délivrance. Nicolas
brise avec les traditions et les lois de la méthode byzantine ; donne une impulsion vigoureuse
à la statuaire ; construit des églises, des palais ;
élève enfin le campanille de Saint-Nicolas, dont
Charles-Quint disait : « Qu'il lui fallait un étui,
tant il était beau, pour que le peuple ne le vît pas
tous les jours. »

Pise se voue ainsi aux arts, tandis que la querelle des Guelfes et des Gibelins souffle les inimitiés et la haine, et remplit les esprits et les
cœurs. Guerre et religion, voilà ce qui occupe
les hommes ; artistes, littérateurs, peuples, ont
les mêmes pensées, les mêmes émotions, les
mêmes sentiments : Dante compose sa Trilogie ;
Nicolas dessine un Jugement dernier, et les Pisans commencent leur Campo-Santo.

Jeanron parle ainsi de Pise :

« Elle s'est mise au premier rang dans le ré-
veil des beaux-arts en Italie. Une des premières
elle initie notre Occident, au sortir du moyen âge,
à tous les progrès dont il est si fier aujourd'hui.

Son courage dans la guerre, son génie dans le commerce, sa curiosité dans les sciences ont réchauffé et entretenu la vie intellectuelle de l'Italie au plus fort de la barbarie byzantine. Ses importations de la Grèce et de la Syrie versèrent dans la Toscane entière les fragments antiques qui devaient plus tard aider à l'art renaissant. Quand l'heure est venue, au dixième siècle, pour l'Italie, de créer un art nouveau, un art auquel elle imposât son nom, parce qu'il serait enfant de son génie et de sa liberté, Pise, entre toutes ses sœurs de la Toscane, entre toutes ses rivales de la Péninsule, s'émeut d'abord. Au plus beau temps de sa course, dans la force de son indépendance, dans sa splendeur républicaine, lorsque, avec l'aide de Sienne, elle faillit mettre le pied sur l'altière Florence et sur l'opulente Gênes, ses artistes furent proclamés les plus grands; son Campo-Santo devint la source et le sanctuaire de ce développement immense dans lequel l'Europe entière, malgré des prétentions ingrates, a été forcée de se résumer jusqu'à présent. »

Une double révolution est donc opérée à

Florence et à Pise : l'une par un sculpteur, l'autre par un peintre. Révolution simultanée, parallèle, mais profondément distincte. Le père de l'école florentine est encore sous le joug professionnel, et il ne lui faut rien moins qu'une inspiration soudaine, qu'une sympathie entraînante, pour secouer ces Fourches Caudines des ouvriers byzantins. La nature seule est son maître. Le père de l'école pisane, plus heureux, du premier pas a marqué sa route. Point d'irascibilité ni d'incertitudes: dès l'abord il se met à l'aise, et, tranquille au milieu de son atelier, il répand « l'observation ingénieuse, la sagesse et la dignité dans ses œuvres. » N'a-t-il pas les anciens pour modèles? Il va si loin, que durant un siècle on ne peut le devancer.

Son fils Giovanni lui succède et dirige à son tour les travaux du Campo-Santo.

Il y a dans la vie des circonstances imprévues, providentielles, qui décident de notre avenir. Rien n'est plus ordinaire dans la vie des artistes; les généalogies y sont inconnues, et leur histoire puise un nouvel intérêt dans cette variété. Ils poussent et apparaissent soudainement dans le champ des beaux-arts comme des plantes que les vents emportent et jettent dans la poussière des plaines ou dans l'herbe des montagnes. Cimabué voit quelques peintres, et il le devient. Cimabué, sortant de Florence et passant par la vallée de Mugello, rencontre un pauvre enfant, un pâtre, qui, oubliant ses moutons, dessinait sur le sable les fantaisies de son esprit poétique, et le vent ou le pied du passant foulait et détruisait ces figures, premiers monuments du jeune artiste.

Cimabué s'arrête.

« Enfant, veux-tu venir avec moi ?

— Si mon père le veut. »

Et l'enfant se leva ; et suivant son maître comme autrefois un pauvre pêcheur se levait et suivait un apôtre, ils s'en allèrent tous les deux par le chemin vers la maison du père. Le père consentit. Peu de temps après, une grande renommée occupa le monde : ce fut celle de Giotto. La reconnaissance seconda son talent ; la nature lui révéla ses merveilles ; la foi domina son génie, et son génie fut pur et facile. Tant fut belle l'harmonie de ses œuvres et vraie l'imitation de ses modèles, que ses contemporains lui donnèrent le surnom glorieux de *Disciple de la Nature*.

L'imagination de Giotto est mystique ; elle reflète celle de son époque, toute religieuse, toute symbolique.

Voici une peinture de Giotto :

On avait construit une église en l'honneur du serviteur de Dieu, saint François, mort en odeur de sainteté. Ses restes attiraient en foule les pèlerins, et l'on disait que des miracles s'opéraient à son tombeau. Giotto fut chargé de peindre la glorification du saint. Il le représenta environné de toutes les vertus qui seules font descendre en l'homme les dons du ciel :

« Sur un premier angle, dit Vasari, on voit l'Obéissance, les yeux fixés sur le Sauveur. Un doigt sur les lèvres, elle recommande le silence à un moine agenouillé, lequel reçoit sur les épaules un joug dont les chaînes sont tirées au ciel par des mains mystérieuses. La Prudence, l'Honnêteté, compagnes inséparables, sont près d'elle. Au second angle, la Chasteté, retranchée dans une citadelle, résiste aux palais et aux couronnes qu'on lui offre. A côté, la Pénitence chasse avec une discipline l'Amour impur et le Vice ; tandis que, à ses pieds, la Pureté lave des personnes nues que lui amène la Force. Au troisième angle, le Christ tient par la main saint François, épousant, en présence de la Chasteté et de l'Espérance, la Pauvreté, qui marche pieds nus sur des épines. Un chien aboie après elle, et deux enfants la poursuivent : l'un lui jette des pierres ; l'autre lui pique les jambes avec des ronces. Enfin, saint François, vêtu d'une tunique de diacre, occupe le quatrième angle. Il monte au ciel, où l'attend le Saint-Esprit, au milieu d'une multitude d'anges qui forment un chœur et supportent un étendard orné d'une croix et de sept étoiles. »

Benoît XI avait la papauté. Son goût pour les arts encourageait et protégeait les artistes. Il voulut orner Saint-Pierre de Rome, la vieille basilique, qui déjà avait consolé dans ses murs tant de générations de fidèles et donné à tant de saints le repos de la tombe sous ses dalles bénites ; il envoya à Giotto un de ses gentilshommes.

L'envoyé exposa à l'artiste son message, et le pria de lui donner un dessin pour le présenter à son maître.

« Giotto, dit son chroniqueur, prit aussitôt une feuille de vélin, appuya son coude sur sa hanche pour former une espèce de compas, et peignit d'un seul jet, avec une délicatesse toujours égale, un cercle d'une perfection merveilleuse, qu'il remit en souriant entre les mains du gentilhomme. »

Celui-ci, se croyant joué :

« Eh quoi ! n'aurai-je point d'autre dessin que ce rond ?

— Il est plus que suffisant ; présentez-le avec les autres dessins, et l'on en connaîtra facilement la différence. »

Benoît admira l'habileté de l'artiste, lui confia d'importantes entreprises et le combla de faveurs. Mais l'aventure du rond de Giotto avait couru toute l'Italie, et c'est de là que vint le proverbe :

« Tu es plus rond que l'*o* de Giotto. »

Son habileté, en effet, était rare. Vasari raconte

que, dans sa jeunesse, il peignit un jour d'une manière si frappante une mouche sur le nez d'une figure commencée par Cimabué, que ce maître, en se remettant à son travail, essaya plusieurs fois de la chasser avec la main avant de s'apercevoir de sa méprise.

En France cependant périssaient les templiers sur leur bûcher prophétique (1314). Florence se débattait dans des luttes intestines et proscrivait ses citoyens. Un illustre fugitif, le poète vengeur d'Ugolin, Dante, abritait à Ravenne sa grande infortune. Il apprit au fond de sa retraite que Giotto, emmené à Avignon par Bertrand de Goth, plus connu sous le nom de Clément V, s'y inspirait sous le soleil de la France et y multipliait les œuvres de son pinceau chaste et naïf. Il pria son compatriote de venir. Il vint. L'artiste parla à l'exilé de la patrie absente, écouta ses regrets et, sans doute, consola la douleur du proscrit. Dante Alighieri mourut en 1321; mais du moins il avait pressé les mains à son concitoyen; et, pour un banni, presser les mains d'un concitoyen, c'était en quelque sorte revoir la patrie. Mais Giotto était aimant et généreux ; il avait voué son amitié à Dante ; et quand il se vit seul, quoi que fît la magnificence des nobles seigneurs qui l'avaient occupé à Ravenne, il quitta des lieux trop remplis de sa douleur.

Après plusieurs années d'absence, l'artiste pèlerin revenait donc dans sa patrie. Mais, plus heureux que son ami, il n'avait pas mangé le pain amer de l'exil, « et ne savait pas comme c'est suivre un sentier pénible que de monter et de descendre par l'escalier de l'étranger. »

Le 9 juillet 1334, il commençait le campanille de Sainte-Marie-la-Fleur ; portait ensuite au Campo-Santo son tribut d'artiste, et peignait les Souffrances de Job. Enfin, pour sa vie de labeur, Florence lui décernait le titre de citoyen, le gratifiait d'une pension de cent florins, et lui donnait à vie la direction de Santa-Maria-del-Fiore.

En 1336, le gracieux Giotto, le Raphaël de son époque selon Lanzi, emportait dans la tombe les souvenirs reconnaissants de ses compatriotes.

Le genre du portrait fut peu ou point cultivé

durant le treizième siècle. Giotto fit ceux de Dante, de Clément V, de Brunetto Latini, et un autre dont l'histoire est touchante et naïve :

Avant que Cimabué ne l'eût rencontré, pauvre enfant, sur sa route, il avait une sienne parente, jeune comme lui et comme lui aussi sympathique et rieuse. Tous deux s'aimaient comme on aime dans l'enfance, je veux dire, dans la pureté et le dévouement du cœur; dans les larmes de la douleur comme dans les sourires de la joie. Le matin, ils sortaient ensemble et répandaient leur petit troupeau dans la vallée de Mugello. Mais quand l'eut emmené le seigneur Cimabué, la pauvre Fiametta venait seule sur la pente de la montagne faire paître et la chèvre favorite, que son ami avait dessinée, et le reste du troupeau. Elle était triste, mais résignée. Son Giotto pourtant ne l'oubliait pas ; tous les ans il revenait la voir, et versant l'or qu'il avait gagné dans les mains de son père, il rendait l'espérance et la gaieté à sa Fiamma; mais quand il était parti, espérance et gaieté s'évanouissaient de nouveau. Or, la jeune fille, belle, mais souffrante, était arrivée à sa dix-septième ou dix-huitième année. Un jour, elle se sentit plus malade, se coucha, répandit devant elle les dernières fleurs que son Giotto lui avait données, et, se croisant les bras sur son sein, elle attendit. Giotto, instruit de sa maladie, accourt, s'informe de son amie, s'inquiète.

« Elle sommeille, lui répond un vieillard.

— Mais je puis la voir?

— Vous pouvez la voir. »

Il pénètre vers son lit, où, la voyant calme, douce, il crut qu'elle dormait. A l'instant il saisit une pierre, trace son image, la contemple en silence et attend qu'elle se réveille. Mais la pauvre enfant ne se réveilla plus. Le vase de la vie était brisé pour elle; son âme aimante et virginale était remontée dans les cieux.

CHAPITRE III.

Ce n'est pas seulement à Florence que les arts
renaissent, mais dans toute la Toscane. A Sienne,
les amis, les frères peut-être, Agnolo et Agostino,
se distinguent comme ingénieurs. Les arts ne sont
pas encore fractionnés et forcent le Pô débordé
à rentrer dans ses digues. Ugolino, Stefano, tous
élèves de Giotto, travaillent au Campo-Santo et couvrent de peintures les chapelles de l'Italie. Simon
Memmi, le peintre de la divine Laure, l'ami
de Pétrarque, qu'il rencontra à la cour papale

d'Avignon ; Andrea de Pise , le sculpteur et contemporain de Giotto , sont aussi de vigoureux promoteurs de l'art.

Ce dernier étudie les marbres antiques apportés par les flottes victorieuses des Pisans et vole à Florence pour se trouver sur un plus large théâtre. Sa porte de bronze de Saint-Jean . ouvrage auquel il travaille vingt-deux ans . lui assure et son triomphe et le respect de ses contemporains. Quand Gualtieri , duc d'Athènes et tyran de Florence , qui l'avait employé pour fortifier la ville, est chassé , lui n'a rien à redouter des Florentins. Ainsi le vertueux Guillaume des Porcelets s'éloignait sain et sauf de la Sicile lors des Vêpres siciliennes. Les justices des peuples sont parfois admirables.

Taddeo Gaddi , le filleul et l'ami de Giotto ; le malheureux et mélancolique Giottino , nature modeste et souffrante , que la mort emporta vite ; le facétieux et laid Buonamico Buffalmacco, dont l'âme s'emplit au moins une fois d'un énergique patriotisme , rendent aussi de vrais services à l'art. L'évêque Guido d'Arezzo lui avait ordonné de peindre sur la façade de son palais l'aigle d'Arezzo terrassant le lion de Florence. Le Florentin Buonamico s'environna de mystères, travailla et partit. On abattit la toile, et l'on vit le lion de Florence étouffant l'aigle arétin. Vie bouffonne, débraillée et misérable que la sienne, que met en relief un tragique épisode :

Ses amis et lui avaient publié à sons de trompe que ceux qui voulaient avoir des nouvelles de l'autre monde n'avaient qu'à se présenter au pont de la Carraia, dans la nuit du 1er mai 1304. La nuit vint. La foule curieuse était compacte ; les scènes simulées de l'enfer étaient bizarres et représentées à la façon du Dante. Mais la fête fut changée en un drame terrible : le pont, trop chargé, s'écroula, et une multitude de personnes périrent.

Dans cette première phase de rénovation, une plus grande figure est celle du Florentin Andrea Orcagna. Homme puissant, il essaie à conquérir l'universalité de son art. Fait pour imposer sa volonté, courageux à ne reculer devant aucune difficulté, et doué d'un jugement droit et ferme.

il fait effort pour élargir le domaine des arts, et d'un bond il franchit les limites imposées. Tour à tour il se livre à la peinture, à la sculpture, à l'architecture, à la poésie. Imagination ardente, féconde, dantesque ; imprimant à ses œuvres un cachet profond de religion austère ; recherchant les contrastes pour faire ressortir sa pensée et provoquer la réflexion, la mélancolie peut-être ; peignant au Campo-Santo, ce sanctuaire des morts et de l'art, un Jugement dernier ; puis, à côté, se jouant avec son pinceau dans des compositions originales, pleines de fraîcheur et d'enseignement.

A l'ombre d'une forêt d'orangers, sur des gazons parsemés de fleurs, des seigneurs s'inondent des jouissances de la vie ; des garçons et des jeunes filles forment des danses folâtres ; des amours pressent et animent les groupes. Le son des instruments retentit. Mais à côté de ces joies d'un jour, de ces voluptés mondaines, il élève une haute montagne, et là des ermites font pénitence. Les uns sont plongés dans la lecture et la contemplation ; d'autres piochent la terre ou châtient leurs corps ; puis, au milieu, la faux levée et dominant la scène, la Mort, la grande moissonneuse du monde !

Élève d'Andrea de Pise, à sa sortie de l'atelier, il vit la vieille école byzantine qui donnait le dernier sang de sa veine et conservait encore une opiniâtre espérance. Les artistes de l'âge nouveau rivalisaient avec ceux de l'âge qui s'écroulait, et s'obstinaient : ceux-là à suivre la voie ouverte par Cimabué et Giotto; ceux-ci à soutenir et défendre le système caduc de Byzance. Certes, il y avait encore bien des routes à choisir, bien des ambitions différentes à contenter. Les vieux champions avaient les traditions et des triomphes célèbres qui militaient pour eux ; ils voyaient avec dépit les innovations de la jeunesse ardente et les déploraient. Mais le nom de Giotto était une forteresse où s'abritait sa légion d'élèves.

« Giotto occupe le champ de la peinture, » avait dit Dante.

« Il n'est rien dans la nature que Giotto ne puisse imiter jusqu'à l'illusion. » disait Boccace.

« Giotto a des beautés que les ignorants peuvent ne pas comprendre, mais qui stupéfient les maîtres, » disait Pétrarque.

Et, en effet, cet homme avait rompu les lisières byzantines, fait schisme avec le vieux système et imposé à l'art les lois nouvelles de son génie.

Orcagna comprend toutes ces choses et ne tergiverse pas.

Toutes les voies sont pleines. Qu'importe ! il reste quelque chose à faire ; il faut fonder l'école florentine ; il la fonde. Génie inflexible et non point sympathique comme le Giotto ; vrai enfant de Florence, il crée son art, l'impose et se fait le père de cette féconde école qui doit enfanter Michel-Ange.

Il meurt en 1389.

Cependant, au milieu du quatorzième siècle (1350), s'établit la première société de compagnonnage. Des règlements sont faits, sanctionnés et mis sous l'invocation de saint Luc.

« Le but de l'association est de se réunir pour se prêter des secours matériels, pour délibérer sur l'art et chanter les louanges de Dieu ; pour s'assurer une garantie de salaire dans les travaux , se donner assistance et protection dans les voyages. »

Florence déborde d'artistes. Ils sentent le besoin de la quitter et d'aller propager l'art. La vie de ces hommes est un long pèlerinage : ils confondent dans un même prosélytisme la religion et l'art ; leur route est marquée par les monuments pieux qu'ils élèvent. Ils sont suivis d'ouvriers , « jeunesse intelligente , pleine d'émulation et de courage ; compagnons obscurs de fatigue et de gloire , mais noble pépinière qui remplacera ceux qui meurent. »

Contemporain de l'Orcagna par la trempe de son esprit et la tendance de ses idées , Spinello propage dans les masses le terrorisme dantesque. Enfant d'Arezzo, il se rend de bonne heure célèbre par ses compositions impressionnantes. Courageux jusqu'au dévouement, il prodigue ses soins à ses concitoyens malades durant la peste qui ravage son pays en 1383. Quand tous craignent la contagion , lui. dans sa sublime imprudence, se précipite au-devant du fléau, sinon pour sauver, du moins pour porter à la tombe ceux qui meurent. Mais lorsque l'épidémie est passée, il révèle le secret de son courage en peignant la Vierge qui abrite sous son large manteau le peuple d'Arezzo.

« Il savait donner à ses saints, principalement à ses vierges, dit Vasari, je ne sais quoi de divin qui subjuguait les hommes. »

Le Campo-Santo le vit à l'œuvre, et jusqu'au dernier jour, il ne cessa de travailler. Heureux dans sa famille, dans sa réputation, dans sa fortune, il eût pu se reposer sans doute ; mais il préféra réjouir sa vieillesse par le travail. On dit que, chargé de peindre saint Michel terrassant le démon, il donna à ce dernier des traits si hideux, qu'il en eut des visions et qu'il mourut d'épouvante. Mais il faut peu de chose pour troubler l'imagination d'un vieillard, et il avait alors quatre-vingt-douze ans.

Voici une variante de ce fait :

Spinello était encore dans la fleur et la force de la jeunesse, à ce moment où les plaisirs nous

bercent dans des illusions si douces, dans des
rêves si enchanteurs. Mais illusions et rêves n'endormaient pas Spinello. Son caractère sauvage
et sombre affectionnait étrangement les lieux
abrupts et solitaires ; son imagination maladive
et fiévreuse se repaissait de la lecture de Dante ;
son âme croyante s'emplissait de religieuses ter-
reurs, et son génie s'essayait déjà à tracer dans
ses compositions ses mystiques épouvantes. Or,
son maître avait une pure et charmante jeune
fille, dont la beauté et la douceur faisaient sa
fierté de père et sa consolation de vieillard. Elle
rendait pleine son âme d'un parfum de joie et
couronnait sa tête blanche d'un rayon de félicité.
Il voulut faire un dernier ouvrage, le portrait de
son enfant, afin, sans doute, que son image,
toujours présente dans sa demeure, fût un gage
de bénédiction. Il commença. Un jour, Spinello
se pencha sur l'épaule de son maître et suivit son
travail. D'abord il se contint. Mais bientôt impatienté qu'une si noble figure perdît son charme
céleste sous le pinceau débile du vieillard, il le
lui arracha. Le vieux peintre avait senti lui-même

sa débilité ; il ne se courrouça pas contre son élève, mais lui confia le soin d'achever son œuvre. La belle jeune fille posa donc devant Spinello.

A cette époque, il travaillait au combat de saint Michel.

L'ange était fait ; restait la créature maudite. Le jeune homme, l'esprit tout rempli des chastes attraits de la douce Marguerite, cherchait la physionomie qu'il devait donner au prince des ténèbres. Son imagination biblique ne pouvait se résoudre à le peindre avec ces formes étranges, bizarres, fantastiques et ridicules, dont les nourrices se plaisent à entretenir les enfants. C'était un roi déchu, un ange de lumière, foudroyé et précipité dans l'abîme, qu'il voulait peindre ; un roi que Dieu avait doué d'intelligence et de beauté. Il voulait que l'harmonie des formes l'environnât, que le feu de la clarté divine illuminât sa prunelle, mais que le sceau de la réprobation fût visible à sa tempe maudite.

Il le représenta donc avec ces formes idéales, cette beauté surhumaine qu'il avait rêvées, mais avec un éclair infernal dans les yeux.

De ce tableau il revenait au portrait de la
jeune fille, mais tout obsédé, tout palpitant encore des impressions qu'il avait éprouvées dans
son travail. A peine il avait retouché les lignes
suaves que lui offrait son modèle, que des hal-
lucinations étranges s'emparaient de lui; par intervalles, il lui semblait voir la flamme de la
damnation, ce même éclair infernal qu'il faisait
jaillir des yeux du réprouvé, s'échapper du front
de Marguerite, et il s'épouvantait à contempler
la ravissante image qui posait devant lui. Quoi
que fît l'attachement de son maître, les douces
paroles et les virginales caresses de son amie,
rien ne dissipait son anxiété douloureuse ; Spinello se consumait comme une cire molle à la
chaleur intense du brasier. La folie l'emportait
dans les lieux sauvages ; les visions l'y poursuivaient. Le paroxisme passait, mais le laissait
épuisé, haletant, et on voyait bien qu'il allait
s'éteindre comme un flambeau. Néanmoins, une
fois il se résolut à en finir, et, s'armant de
toute sa force, il partit au milieu de la nuit, à
l'église où se trouvait le tableau. Une lumière à

la main, il considérait attentivement la figure damnée du démon ; déjà il ressentait le frisson de l'épouvante, lorsqu'une main douce lui frappant sur l'épaule : « Spinello ! Spinello ! » Et il vit sa Marguerite, qui, inquiète, l'avait suivi. Spinello examina alors instinctivement et son tableau et la souriante figure de son amie. Aussitôt la vie ranima son visage ; le bonheur remplaça les angoisses. Dans la préoccupation de sa raison, il avait donné à l'ange maudit les traits de sa belle fiancée.

Arrêtons-nous à Lorenzo di Bicci, élève de Spinello « et dernier représentant de cette vieille école florentine, procédant immédiatement de la grande impulsion imprimée à la peinture par Giotto. » Il naquit au milieu de la lutte de la démagogie guelfe contre l'aristocratie gibeline (1400) ; il fut le coryphée de son école et sema ses œuvres depuis la masure du pauvre jusqu'au palais du riche.

Désormais l'art s'est émancipé, et nulles entraves ne sauraient plus l'arrêter. Il a compris sa force et tourné les yeux vers l'avenir ; bientôt il enfantera ses plus étourdissantes merveilles. Pise, si justement fière de ses trois Pisans : Nicolas, Jean et André, va cependant s'humilier devant de nouveaux rois de la statuaire. Les Florentins Lorenzo Ghiberti et Donatello raviront le sceptre à leur tour et s'immortaliseront par leurs œuvres ; Brunelleschi couronnera de sa hardie et gigantesque coupole le temple commencé d'Arnolphe ; Paolo Uccello, Masaccio donneront les règles de la perspective ; le bienheureux frère Giovanni Angelico da Fiesole et son élève Benozzo Gozzoli compléteront l'œuvre pieuse des Lorenzetti et de tous les Siennois du Campo-Santo. Enfin, se fera cette miraculeuse levée d'hommes progressifs à travers lesquels nous arriverons au complet épanouissement des beaux-arts.

Le quatorzième siècle n'est point terminé, mais il est bon que nous fassions une halte. Nous avons monté le premier échelon de l'histoire des beaux-arts. Les artistes qui vont venir ont un nouveau caractè e. Les événements politiques, les luttes des papes et des empereurs, les rivalités

des villes, les révolutions des peuples, les ven-
geances atroces des familles ou des factions rem-
plissent ce siècle. Les lettres sont cultivées avec
ardeur et enthousiasme ; des monuments en tous
genres sont produits. Pétrarque, Boccace, Villani
qu'emporte la peste de 1348, en font l'ornement.
Mais l'étude des langues mortes arrête l'élan de
l'inspiration ; l'érudition dessèche la sève primitive ; la marche de la civilisation paraît incertaine ;
l'unité politique est absente : les uns marchent au
despotisme ; les autres, à la liberté. La littérature et les arts palpitent d'espérance ; mais les
tribunaux sont envahis par la corruption ; les
cours, par la débauche, l'assassinat, la lâcheté.
Ce siècle n'est pas heureux pour l'humanité.

CHAPITRE IV.

Pour cette fois nos regards vont se concentrer
sur la belle Florence ; nous ne la quitterons pas.
Une fièvre ardente la travaille ; dans les ateliers,
on s'encourage, on rivalise ; pas un ne veut se
laisser devancer ; les faibles vont gaiement à la
suite des forts. Chacun cherche à grossir son lot
d'intelligence et à perfectionner l'art ; toutes les
poitrines sont agitées, et le génie, heureux, bat
si vigoureusement des ailes, que bien sûr il va
prendre son élan le plus sublime.

La plupart travaillent selon la religion de leur conscience, selon l'inspiration de leur talent; mais un nouvel esprit gagne insensiblement les artistes : plusieurs ploient leur génie aux fantaisies inintelligentes, abdiquent leur dignité personnelle, font de leurs œuvres une banale marchandise et polluent leur volonté. Sans nul doute, c'est là un principe de démoralisation : le génie s'avilit lorsqu'il se subalternise. Les privations sont honorables; les faveurs de la fortune ne le sont pas, s'il faut se courber pour les prendre. L'artiste qui vend son génie fait comme le père qui vend sa fille à la débauche du passant. Trop pressés dans leur pays, les artistes florentins cherchent de nouvelles issues et vont fonder des écoles à l'étranger.

Cependant, en 1388, à l'apogée de la puissance des Visconti et tandis que se révolutionnent les républiques toscanes, se prépare le grand schisme d'Occident. Les actes des papes à cette époque ressemblent à des spéculations financières; l'évangélique enthousiasme des croisades est déjà bien loin; la pensée et les peuples ont fait un nouveau pas dans la vie, et voici que naît et perce l'esprit de libre examen, d'indépendance religieuse; timide, modeste, se cachant sous des formules humbles et soumises, mais prêt à déchirer son masque et à révéler sa force. En 1394, l'université de Paris réclame contre les abus de la papauté, et dans un concile national, en 1398, l'Église gallicane prétend se soustraire à l'obédience de Rome et se conduire d'après ses propres lois et usages jusqu'à l'expiration du schisme. La puissance papale a croulé devant la puissance temporelle.

Dans les arts, la lenteur n'est déjà plus soufferte; le statuaire à prompte et vive imagination préfère à des productions molles et minutieusement polies des ébauches pleines d'animation et d'énergie.

La vie devient plus difficile à gagner, et les idées, plus nombreuses, demandent de plus prompts et plus habiles interprètes. Pierre le Magnifique verse sur cette foule haletante d'artistes, avec de l'argent et des faveurs, son fiévreux amour des beaux-arts. Les marchands déblaient Florence des œuvres de ses féconds ouvriers et font fortune à les expédier dans la France et l'Espagne.

Un hardi novateur se souvient de la statuaire corrompue par les débauches de Rome croulante, et un instant ranimée par Niccola de Pise. Il l'arrache à ses allanguissements, et dans un sublime noviciat, au milieu de la faim et de la misère, lui prépare un éblouissant avenir.

Ce fut une rude enfance et une noble vie que celle de Luca della Robbia, né en 1388! Tout jeune, il supporte avec un égal courage le froid, la misère, les privations. Il avait un but : son génie le lui découvrait dans l'avenir. Le jour, il dessinait, sculptait ; la nuit, il dessinait, sculptait encore. Souvent le froid le saisissait, et, pauvre mais intrépide enfant, il n'abandonnait pas son travail ; seulement, il mettait ses pieds dans une corbeille pleine de copeaux légers et se réchauffait ainsi. Sans doute, ce n'est pas à la table du riche que la poésie s'abreuve ; ce n'est pas au milieu des fatuités humaines que le génie repose. A l'homme d'énergie il faut des luttes ; au chêne pour se fortifier, des tempêtes : à l'aiglon

pour essayer ses ailes, des orages; au jeune prédestiné, d'importunes misères qui, lui révélant
le fardeau de la vie, impressionnent son âme et
dégagent son essor. Mais néanmoins le cœur s'émeut
devant ces jeunes et belles natures qui ont souffert, et l'on demande à la postérité de consoler
ceux que sacre le malheur.

La gloire des artistes contemporains aiguillonne
le jeune de la Robbie; lui aussi veut avoir son
triomphe. Le bronze, le marbre sont trop lents
à traduire sa pensée; impatient, il élargit le domaine de l'art, et l'argile prend mille formes ra-
vissantes dans ses mains. Il ressuscite, modifie
ou invente la manière de donner à la terre la
solidité du marbre et le prestige et le charme
des plus merveilleuses couleurs. Il ne fait point
appel à une insolente facilité; mais sa réputation et la vogue de ses nouveaux et rapides chefs-
d'œuvre font affluer dans sa maison les marchands
florentins. Opiniâtre ouvrier, il s'appauvrissait à
travailler le granit, à couler le bronze : ne lui
fallait-il pas un moyen de vivre? D'autres niaient
leurs inspirations : lui les suivait en adoptant ce

genre nouveau. Les préoccupations de la vie matérielle sont arides et poignantes ; lui, à l'âme ardente, secoua le fardeau des angoisses et de la pauvreté, sans profaner l'arche sainte du génie.

Le temps du doute est passé dans la religion des beaux-arts ; c'est la vitalité féconde, hardie, progressive, qui secoue et pousse la jeunesse florentine ; il n'y a point là de génie puissant qui impose en géant brutal les lois de son intelligence ; tous sont libres. L'originalité ! voilà le principe et la force de l'école. Qu'importe comment font les rivaux ! Il ne s'agit pas de les imiter, mais de les égaler. Point de guide ! que chacun prenne sa voie et suive pour vexillaire son inspiration, sa nature, son courage ! Arrière ceux qu'une conviction profonde ne conduit pas ! ils ne sont pas les enfants de cette énergique et âpre école florentine.

Dans la politique, Florence combat ainsi pour ses droits, pour sa liberté.

Luc s'approprie des ressources étrangères, rend ses privautés à la statuaire et caractérise cette bouillante époque : ses hardies tentatives sont l'image de la fermentation du moment. Dans sa famille, il forme de dévoués missionnaires à l'art. Son invention néanmoins tombera plus tard dans l'industrialisme, et l'on finira par l'abandonner. La peinture en émail, sœur de cette autre branche de l'art et de la mosaïque, trouve son expansion dans les temples.

A mesure que la civilisation se fait, la foi des peuples s'affaiblit ; les vieux symboles de l'âge passé ne satisfont plus la raison : il faut que la forme vienne en aide à l'idée. Les types sombres et mystérieux n'excitent plus l'adoration, mais la révolte. L'homme a succédé au prêtre, et la liberté, au despotisme. Une révolution s'opère dans le dessin, et la réhabilitation se fait par Uccello, né en 1389. Il est pour lui le moyen principal de la manifestation de la vie dans les images ; mais cette manifestation ne peut s'accomplir sans l'harmonie des proportions, sans la science de la perspective abandonnée. Paolo Uccello s'impose la rude tâche de la faire revivre.

Esprit ingénieux, mais solitaire, il ne craint pas de s'imposer les privations pour se livrer plus librement à son étude favorite. Il s'applique sans relâche à la perspective « et trouve des règles sûres pour indiquer par la fuite ou la diminution des objets leur éloignement ou leur proximité. »

Son opiniâtreté à suivre cette étude ardue et dédaignée le laisse dans sa pauvreté.

« Ta perspective te fait quitter le certain pour l'incertain, lui disait Donato. A quoi cela te mènera-t-il ? »

Paolo ne tenait compte de ces paroles ; et pour se mettre à l'abri des poursuites de son ami, il se condamnait à la réclusion et restait des semaines, des mois sans sortir de sa maison. « A quoi lui servira sa perspective ? » A le consoler quand ce même ami lui aura brisé le cœur par une trop amère critique.

Cet homme avait été chargé de représenter l'Incrédulité de saint Thomas ; et, selon la coutume des artistes, cachait avec soin son travail jusqu'à ce qu'il fût terminé.

« Quel chef-d'œuvre nous caches-tu donc ? lui dit Donato le rencontrant un jour.

— Tu verras, tu verras ! »

La peinture achevée, Paolo demanda à son ami ce qu'il en pensait.

« Eh ! Paolo, tu la découvres lorsque tu devrais la cacher ! »

Le pauvre Uccello s'abandonna donc plus que jamais à sa fidèle amie. Par nature et par volonté, il laissa aux autres la fortune qu'ils poursuivaient. Lui avait accepté un noble dévouement : il défricha cette terre couverte de broussailles, et la sueur de son front féconda l'aride plaine de la perspective. Tant que dure sa vie, dure son apostolat, et c'est à Masaccio qu'il laisse en mourant sa conquête.

Le beau temps des légendes n'est pas encore expiré ; mais ici elles ont toutes un cachet de ressemblance. Jamais le démon n'a déployé tant d'activité et n'a éprouvé tant de défaites. C'est toujours au profit de la pensée religieuse qu'elles s'accomplissent ; l'ignorance et la crédulité s'en emparent ; l'imagination populaire les commente avec avidité, et les peintres, ces glaneurs des pensées des peuples, donnent, pour ainsi dire,

à ces fables la vérité de l'existence en les re-
produisant sur la toile.

Paolo peignit une semblable légende :

« Un monastère a été renversé par l'œuvre du
démon. Un moine reste écrasé sous les décom-
bres, et ses compagnons s'enfuient épouvantés ;
mais saint Benoît ressuscite la victime. »

L'étude de l'antiquité, voire même des sciences,
se propage ; l'érudition s'échappe du cabinet des
savants et descend au milieu du peuple. Le système d'Empédocle d'Agrigente sur les éléments
se retrouve dans un ouvrage d'Uccello. Aux quatre
principes il donne des animaux symboliques : à
la terre, la taupe ; à l'air, le caméléon ; à l'eau,
le poisson ; au feu, la salamandre. Mais l'histoire
naturelle est chose mystérieuse encore au vul-
gaire ; le bon Paolo, ignorant la forme du caméléon, ne trouve rien de mieux que de lui
donner, dit Vasari, « celle d'un énorme chameau,
ouvrant la bouche et aspirant l'air de toute la
force de ses poumons. »

Il meurt en 1472. dans sa quatre-vingt-troisième année.

A douze ans de distance (1402), paraît Masaccio. Contemporain des Brunelleschi, des Donato, des Ghiberti, on ne saurait dire combien l'exemple de ces grands maîtres inspira son talent et versa dans son âme d'émulation et de courage. Il balaie devant lui les entraves qui obstruent son chemin ; et plus heureux que Paolo, qui avait signalé la route, il arrive triomphalement au terme proposé. Distrait, rêveur, passionné pour son art, il laisse aller à l'aventure sa jeunesse imprévoyante et abandonne Florence pour Rome. Là, il espérait puiser de nouveaux trésors d'inspirations et de génie ; Cosme de Médicis avait d'ailleurs été exilé de la cité florentine, et les artistes commençaient à tourner les yeux vers la ville sainte.

Masaccio est un lien de transition. A mesure que l'âge passé s'écroule avec ses principes, ses affections, ses errements, l'âge nouveau s'élève avec son indépendance et sa fierté. Là, dominait le servilisme religieux ; ici, la foi s'ébranle, les illusions se dissipent, l'immobilité s'évanouit. Masaccio rassemble en faisceaux les acquisitions de ses prédécesseurs, les augmente et les livre aux mains de ceux qui viennent.

Des premiers lutteurs à lui il y a un pas immense ; le pauvre Uccello même est resté bien loin. Toutes les difficultés de la perspective sont résolues : le dessin a conquis des formes naturelles et harmonieuses.

« Tout ce qui a été fait avant lui est peint, dit Vasari ; mais ce qu'il a fait est vrai et animé comme la nature même. »

C'est dans la chapelle del Carmine qu'il faut étudier le génie de Masaccio, et c'est là que sont venus se former les plus grands artistes de la féconde époque : les Vinci, les Raphaël, les Michel-Ange, et pourtant ce grand peintre n'avait que quarante et un ans lorsqu'il mourut en 1443.

On suppose qu'il fut empoisonné.

« Nous avons fait une perte immense ! » s'écriait Brunelleschi en apprenant la mort du jeune homme.

Et cela était vrai. Mais le mouvement était imprimé, Masaccio avait achevé sa mission :

la mort pouvait l'envelopper dans son linceul.

A la fin du quatorzième siècle, en 1382, l'oligarchie guelfe reprend sa supériorité, et la Toscane prospère sous son pouvoir. Tandis que les républiques maritimes s'occupent de l'Orient, elle maintient à l'intérieur la paix, fruit de ses conquêtes brillantes. Elle avait étendu les limites anciennes de Florence, et pendant que les voisins sont décimés par les guerres désastreuses, les Forentins vivent sous une protection puissante. Les campagnes sont belles sous le poids des moissons qui les couvrent, et les villes de la Toscane sont animées par une foule active et intelligente. Les chefs de l'État ne sont que de riches commerçants ; ils accumulent d'immenses richesses, et le trésor n'est employé qu'à des travaux d'utilité publique. Des lois somptuaires répriment le luxe et permettent la magnificence. Les premiers citoyens, leurs femmes, leurs filles, vont à pied dans les rues et ne compromettent point leur dignité. Leur repas est sobre ; leur vêtement, simple, modeste et toujours de la même forme et de la même étoffe, n'est relevé ni par l'éclat des couleurs ni par la richesse des broderies : une pompe insolente, soit dans les équipages, les chevaux, les valets, leur est interdite. Mais l'on peut sans contrainte consacrer au culte de Dieu des églises somptueuses, ou élever des palais dont la magnificence égale le bon goût ; et l'école d'architecture de Florence laisse derrière elle toutes ses rivales. On peut orner ses palais de statues, de tableaux, et y rassembler des bibliothèques de grand prix. La gloire d'Athènes est renouvelée dans les arts ; les vaisseaux même sont au service de la science, et plusieurs, expédiés à Constantinople, à Alexandrie avec des étoffes de Florence, rapportent souvent en retour les œuvres d'Homère, de Thucydide ou de Platon.

La fortune des Médicis se prépare ou se fait.

Ainsi l'esprit antique de liberté anime toujours la Toscane, et les progrès de l'esprit y sont plus grands que ceux de l'opulence. A cet âge, dans aucun pays de l'Europe, la race humaine ne s'est élevée par de plus nobles développements. Un esprit profond et délié est appliqué successivement à toutes les études : la politique même devient une école avantageuse à la nation. Les Florentins seuls sont les historiens et les juges des faits de ce temps. Hors la Toscane, ce sont des révolutions et des malheurs. A ce moment Florence paraît comme la modératrice de l'Italie.

L'État de l'Église est livré à l'anarchie. Les passions généreuses s'y trouvent aux prises avec une ambition et une férocité semblables à celles qui avaient asservi la Lombardie. Moins riche, moins puissant, moins peuplé que l'Italie septentrionale, les haines n'y sont pas moins acharnées et les révolutions moins violentes. Il y a moins de lumière que dans la Toscane, et l'amour de la patrie y est plus faible. L'incapacité y est un titre pour y obtenir la papauté.

Dans le royaume de Naples, monarchie héréditaire née de la féodalité, la race royale est abandonnée à la mollesse, au vice, à la fainéantise, et ne commande ni respect ni affection ; la nation est énervée. C'est un moment de dissolution sociale, d'allanguissement, sans vertus, sans espérances, sans occupation de l'avenir.

Mais la pauvre Lombardie se débat et râle sous le pied des soldats mercenaires qui l'outragent et la torturent. Aucune période n'est plus calamiteuse pour elle que celle qui suit la mort de Jean Galéas. L'infâme Jean-Marie, son fils aîné, fait sa chasse humaine et apprend à ses dogues à broyer sous leurs dents la chair ensanglantée des victimes; il s'ennuie quand les criminels lui manquent; et, sous prétexte de venger sa mère, dont il avait été le premier assassin, il fait déchirer par ses chiens un grand nombre de gentilshommes et l'un de ses frères; et quand ses dogues, plus humains, refusent de toucher à l'enfance, lui l'égorge !

CHAPITRE V.

L'Italie, à la fin du quatorzième siècle, est effrayée et décimée par une peste terrible, plus grande que celle venue cinquante ans avant, et les Italiens se courbent sous le châtiment de Dieu. L'astrologie judiciaire, ce fantôme des peuples, augmentait les frayeurs.

Un mouvement universel de religion a lieu : toute la chrétienté est frappée de calamités inouïes, et l'on craint la force croissante des Turcs. L'incapacité des souverains de l'Europe livre leurs

Etats à l'anarchie et à la ruine : l'empereur Wenceslas est méprisable et méprisé ; Charles VI est fou ; Richard II d'Angleterre vient d'être déposé, et son cousin Lancastre s'élève au trône. Les vices des pasteurs révélés, les chrétiens ne les respectent plus, et les dévots pronostiquent la vengeance du ciel.

La secousse part du midi de la France. Un prêtre provençal exhorte tous ses auditeurs à se revêtir d'ornements blancs, à porter le crucifix devant eux et à aller ainsi jusqu'à la ville voisine, en chantant des hymnes et demandant à Dieu la miséricorde et invitant les hommes à la paix. La dévotion traverse le Piémont, vient en Italie, franchit toute la Lombardie. Le chant du *Stabat Mater*, composé par les franciscains ou Innocent III, est appris aux Génois. Ceux-ci, à leur tour, continuent le pèlerinage, conduits par le vieux et vénérable évêque Fiesque. Avec des draps de lit, on se fait de grandes soutanes de toile qui couvrent le corps et voilent le visage : la raillerie se tait. Il y a quelque chose de surnaturel dans ces marches processionnelles des peuples. Lucques, Pise, Florence, Arezzo imitent l'exemple donné.

Aussi longtemps que durent ces courses pieuses, aucune violence n'est commise, aucune trahison n'est méditée ; et dans les lieux ennemis, les pénitents entrent même avec confiance et sont reçus avec hospitalité. De la Toscane la pratique pénètre dans les États du pape, dans le royaume de Naples, parcourt toute l'Italie, et ne s'arrête qu'au rivage de la mer.

Ces grands mouvements religieux agissent profondément sur les arts ; mais c'est principalement la génération suivante qui s'en souviendra. Les processions terminées, toutes les querelles recommencèrent.

Lorenzo Ghiberti aborde la statuaire, et, vigoureux et intelligent jeune homme, il la pousse dans la voie lumineuse où déjà elle s'est avancée.

Une noble ambition soulevait son cœur d'espérance, et autre Thémistocle de l'art, ses rêves mêmes redoublaient son ardeur impatiente ; son imagination lui représentait les triomphes de ses rivaux, et sa main ne se lassait pas à polir son œuvre. Il est beau de désirer la gloire et de faire de nobles efforts pour la mériter. Lorenzo s'en sentait digne, et les difficultés que rencontrait son intelligence étaient de nouveaux aliments pour son courage. Comme l'huile sur l'incendie, elle faisait étinceler la flamme de sa volonté. Bonheur rare ! il n'eut pas à bâillonner la bouche de l'envie, ni besoin d'attendre la justice de ses contemporains, pas même de l'avenir : ses rivaux reconnurent et proclamèrent son génie. Aussi nobles cœurs que nobles intelligences, Donato et Brunelleschi lui cédèrent généreusement la palme dans une lutte qu'ils avaient supportée.

C'est dans l'atelier d'un orfèvre que le jeune Lorenzo fait son apprentissage, et son précoce talent s'éprouve dans de gracieuses figurines, légers caprices de son imagination et étonnement des gens de l'art. Mais vient la grande peste qui désole Florence à la fin du quatorzième siècle : et troublé encore par les discordes intérieures, par la haine des partis, par le danger où l'artiste se trouve même au milieu de son travail, il se réfugie à Rimini, dans cette terre où un moderne, après ses Prisons, a trouvé son plus beau drame. Son travail y est plus actif que jamais ; ne pressent-il pas que son nom est fait pour la gloire ?

Le fléau cessa, le calme se rétablit dans la cité florentine ; mais les esprits tournèrent plus que jamais à la dévotion, et la seigneurie songea à enrichir le temple de Saint-Jean de deux portes de bronze ; et pour que l'ornement fût digne du monument, les meilleurs artistes de l'Italie furent appelés au concours.

Alors le bon Bartoluccio, son maître et, plus tard, son beau-père, lui écrivait :

« C'est maintenant, mon cher Lorenzo, que l'occasion de te faire connaître est arrivée ; de déployer ton génie, d'atteindre la fortune. »

Lorenzo oublie tout ; accourt riche d'études, de jeunesse, d'espérance ; entre en lice, et, l'année de labeur expirée, sort de son atelier et découvre son ouvrage.

« Composition irréprochable, figures sveltes et

gracieuses, exécution d'un fini précieux et inimitable, rien que l'on pût y reprendre. »

La foule des concurrents était nombreuse ; mais les plus forts étaient Donato et Brunelleschi ; à trois ils tenaient la balance. Mais ses deux rivaux étaient les meilleurs juges du mérite de Ghiberti. Ils se retirent à l'écart, s'interrogent, se confessent vaincus ; reconnaissent que leur rival de vingt ans a mieux réussi que tous les autres, et que sa jeunesse fait encore espérer plus pour la gloire de sa patrie.

« Il serait plus honteux de lui disputer la palme qu'il n'y a de générosité à la lui céder. »

Nobles paroles que de grands cœurs seuls peuvent avoir.

On se rappelle qu'Andrea de Pise avait travaillé au temple de San-Giovanni, et qu'il l'avait également orné d'une porte en bronze. Lorenzo divisa sa porte comme celle d'Andrea et ne l'abandonna pas qu'il ne l'eut achevée.

« Toutes les figures, dit Vasari, ont une grâce indicible : les nus offrent des beautés merveilleuses ; les draperies tiennent encore un peu de l'ancienne manière particulière à Giotto, mais dénotent un sentiment profond du bon style moderne. »

Cette porte, du poids de trente-quatre mille livres, coûta vingt-deux mille florins.

Une multitude de compositions sont enfantées par Ghiberti ; son nom devient populaire. Les consuls de la communauté des commerçants lui confient l'exécution d'une troisième porte, pour remplacer à l'entrée principale celle d'Andrea que l'on voulait transporter d'un autre côté.

« Vous vous surpasserez vous-même, lui disaient-ils ; nous vous laissons libre d'opérer selon votre volonté. N'épargnez ni soins, ni temps, ni dépenses. »

Les différents sujets que traita Lorenzo dans cette composition comme dans la précédente sont religieux et pris dans l'Ancien ou dans le Nouveau Testament. Ils sont d'une beauté parfaite, et l'on dit que Michel-Ange s'arrêta un jour devant ces portes, les contempla longtemps dans l'admiration et l'étonnement.

« Et qu'en pensez-vous ? lui demanda-t-on.

« — Elles sont si belles, répondit-il, qu'elles sont dignes d'être les portes du paradis. »

Il y consacra quarante années.

Il meurt en 1455.

Les Florentins l'avaient appelé à la suprême magistrature ; la seigneurie lui avait donné un domaine considérable. Ainsi le talent se trouvait élevé aux emplois. L'éloquence à Athènes conduisait au souverain pouvoir. A Florence, une terre fut souvent aussi le prix du travail d'un artiste.

Il faut avoir tenté soi-même de faire une histoire des beaux-arts en harmonie avec les progrès de l'intelligence, pour en comprendre la difficulté ; souvent les matériaux manquent, et l'imagination doit repeupler ce vide : semer la vie où est la mort.

Ghiberti essaya le premier une histoire de l'art en Italie. C'était un patriotique essai, et la cendre qu'il remuait était chaude ; les monuments étaient partout ; les matériaux abondaient, archives ou monuments ; puis il était sur la limite qui séparait la vieille école de la nouvelle.

Pourtant son histoire est à peu près inconnue. C'est qu'il faut encore plus que des matériaux pour bâtir une histoire : elle est une vivante image, non une nomenclature sèche et inféconde.

La vie des deux rivaux de Lorenzo vient naturellement ici se placer.

La statuaire s'étale maintenant au soleil, sinon dans sa pompe, sa splendeur et sa majesté, du moins dans sa force, sa belle jeunesse et ses souriantes espérances. La fleur est prête à s'épanouir ; elle n'attend plus qu'un baiser de la lumière, qu'un souffle parti de la montagne ou du fond de la vallée. L'homme a conquis sa liberté : ni vent d'orage qui l'étiole, ni atmosphère empoisonnée qui l'atrophie ; elle s'élève belle et ravissante sous les yeux des hommes et sous la rosée du ciel. D'abord elle avait prêché l'abnégation de la chair devant l'esprit, et voici que la beauté a succédé au symbole, et la forme, à la pensée. Elle a le droit de prendre partout ses inspirations ; elle n'est plus ni la vassale ni la servante de l'architecture : l'ange de la vie l'a touchée de son aile radieuse et céleste.

Perspectiviste et architecte , c'est surtout dans la sculpture que Donato ou Donatello se rend célèbre (1383-1466). Il se fait l'élève de l'antiquité par ses études et répand « la correction, la grâce et la beauté dans ses œuvres ; il réunit le bon goût à la richesse de l'invention , et dans l'entente du bas-relief, personne ne l'a surpassé, » dit Vasari.

Sorti d'une humble et pauvre famille , Donatello fut élevé par les soins d'un généreux Florentin. Son amour pour le travail, la franchise de sa reconnaissance , son talent firent de son bienfaiteur un ami. C'est dans le noviciat de son art et de son amitié avec l'ardent Brunelleschi que se développe son intelligence. Il faut voir avec quel désappointement il entend les reproches de son ami , et avec quel redoublement d'énergie il oublie ses malencontreux efforts et se remet au travail.

« Viens et admire mon chef-d'œuvre, disait-il un jour à Brunelleschi , et , joyeux , il lui découvrait un crucifix où il avait mis tous ses soins.

— Tu n'as mis qu'un paysan en croix ; c'est mauvais.

— C'est mauvais ! eh bien ! prends un bloc de bois et tâche d'en faire un qui soit mieux. »

Filippo s'aperçut bien qu'il avait offensé son ami. Il ne répondit pas, mais s'enferma et travailla en secret. Plusieurs mois après, il invite son ami à déjeuner ; vrai déjeuner d'artistes : quelques œufs, quelques fruits, qu'ensemble ils achètent sur le marché.

« Porte cela à la maison, lui dit-il ; je te rejoins à l'instant. »

Donato se hâte à l'atelier de son ami.

Mais à peine a-t-il passé la porte, qu'il est saisi d'étonnement et d'admiration. Il ne peut se lasser de contempler un Christ que Brunelleschi vient d'achever. Hors de lui-même, oubliant ce qu'il fait, il ouvre les mains, le déjeuner lui échappe ; les œufs, le fromage, les fruits, rien ne reste dans les mains du pauvre Donato.

Filippo arrive.

« Eh bien ! que diable as-tu, Donato ? Et notre fromage ? et nos œufs ? comment déjeunerons-nous ?

« — J'ai mangé ma part ; si tu veux la tienne, ramasse-la. C'est bien ! c'est bien ! tu fais des Christ, et moi, je fais des paysans ! »

Florence, au quatorzième siècle, est remplie de corporations ou de corps de métiers. Chacune de ces compagnies de travailleurs s'est mise sous le patronage d'un saint dont elle arbore la bannière aux jours de réjouissances nationales ou de fêtes religieuses. Les saintes couleurs se déploient à la tête du peuple dans les processions publiques, et l'image du patron vénéré, promenée dans les rues florentines et sur la tête des pieux et ardents ouvriers, semble un gage de bénédiction et d'espérance. Ces bannières sont richement tissues, et des ouvriers choisis les portent joyeux et fiers comme s'ils portaient la pourpre d'un roi. Ces corporations ne sont pas inutiles aux artistes, et tous les jours elles leur demandent quelque nouvelle œuvre.

Donato travaille ainsi successivement pour la corporation des bouchers, des menuisiers, des armuriers, pour les consuls du commerce, et même pour la seigneurie.

Mais le rôle de l'artiste est toujours humble: le temps de sa domination sociale n'est pas arrivé, et souvent des hommes grossiers, ne pouvant apprécier son talent, refusent de payer son salaire, ou imposent les goûts de leur insolente stupidité.

Un marchand génois avait commandé à Donato un buste en bronze, grand comme nature et d'une légèreté extrême, parce qu'il devait l'envoyer au loin. Lorsque cet ouvrage, qui, dit-on, lui avait été procuré par Cosme, fut achevé, il ne put s'entendre avec le marchand, qui l'accusait de demander un prix trop élevé. Il fut convenu qu'on s'en tiendrait à la décision de Cosme. Le buste fut apporté au palais et placé sur le balcon d'une fenêtre. Cosme jugea trop modique l'offre du marchand. Celui-ci objecta que le buste avait coûté à Donato tout au plus un mois de travail, et qu'un demi-florin par jour devait le contenter. Ces paroles blessèrent vivement l'artiste.

« Je sais travailler autant, s'écrie-t-il, dans la centième partie d'une heure qu'un autre en une année. On voit bien que vous n'avez coutume que de marchander des haricots et non des statues. »

En même temps il précipitait dans la rue le buste, qui s'y brisait en mille pièces.

C'était avec l'enthousiasme du poète que Donato travaillait ; et le marbre qu'il sillonnait de célestes éclairs se fût animé comme la statue de Prométhée si l'avait touché le feu du ciel, ou si eût effloré ses lèvres un divin baiser.

« Allons ! allons ! parle donc ! » s'écriait-il un jour dans son atelier en s'adressant à une tête chauve qu'il venait de sculpter, et qui est son chef-d'œuvre.

Le génie de Donato était satisfait de lui-même, et ce n'était point là le cri de la sotte vanité qui s'admire, mais la vérité de son triomphe, que dans la connaissance intime de son art il s'adjugeait ; le ciseau avait suivi la ligne que traçait sa pensée, et créateur inspiré de son œuvre, comme Dieu après avoir fait le monde, « il voyait que cela était bien ! »

Il imite avec un rare bonheur les œuvres

antiques, et des personnes expérimentées s'y trompent même en les considérant. Naples demande des chefs-d'œuvre de l'illustre statuaire ; Padoue veut le posséder dans ses murs, et, pour l'y fixer à toujours, lui donner le titre de citoyen. Mais sa modestie s'y épouvante.

« Si je reste à Padoue, où chacun m'encense, j'aurai bientôt oublié tout ce que je sais, disait-il ; dans ma patrie, au contraire, la critique me tiendra éveillé et me forcera d'aller en avant. »

Donatello étudie les antiques à Rome, où l'on commençait à faire des fouilles pour les retrouver. Il assiste au couronnement de l'empereur Sigismond et coopère aux préparatifs de la solennité. Ce n'était pas peu de chose que de recevoir un roi à cette époque. Aujourd'hui, il n'y a guère que la diplomatie qui s'en émeut.

Donato est un promoteur de la statuaire et du dessin. Il mérite d'autant plus d'éloges, que de son temps les plus précieux morceaux de l'antiquité étaient encore enfouis sous les ruines. Ami de Cosme, c'est à ses sollicitations que ce prince enrichit Florence des monuments de l'antiquité. Ame généreuse, poétique, il attachait si peu de prix à l'argent, qu'il le mettait dans un panier suspendu au plancher par une corde, et chacun de ses élèves y puisait à volonté.

Sa vieillesse fut heureuse et tranquille. Lorsque ses mains se refusèrent au travail, le prince qu'il avait servi et aimé vint à son aide. Avant de mourir, il le recommanda à son fils Pierre, jeune homme sans talent, sans dignité personnelle, sans amour des arts, mais qui, observateur de la volonté de son père, donna un domaine au vieil artiste, pour que ses derniers jours ne fussent flétris ni par la douleur ni par la pauvreté.

L'imprévoyant Donato se voyait donc à l'abri du besoin et se réjouissait beaucoup. Mais l'artiste est inapte souvent à s'occuper des soins importuns de la vie matérielle ; ces embarras troublent et empoisonnent sa bienheureuse insouciance. Un an s'était à peine écoulé, que ce nouveau propriétaire alla prier son maître de reprendre son domaine.

« Cette possession l'accablait de tourments,

disait-il ; son laboureur venait se plaindre à lui tous les jours : tantôt le vent avait enlevé le toit du colombier ; tantôt la tempête avait brisé les vignes et les arbres fruitiers ; tantôt des huissiers faisaient une saisie de bestiaux pour le paiement des impôts. J'aime cent fois mieux mourir de faim, ajoutait-il, que de penser à toutes ces choses, qui m'abreuvent de dégoûts et d'ennuis. »

Pierre, dont son incapacité allait lui faire retirer ses fonds du commerce et causer des faillites, sourit de la simplicité de son protégé, mais reprit sa terre et la convertit en une rente que Donato touchait toutes les semaines.

Sentant que sa mort venait, il demanda qu'on l'enterrât dans l'église de Saint-Laurent, à côté du tombeau de Cosme, le père de la patrie. Dans la mort, il ne voulait pas être séparé de celui qu'il avait tant aimé. La population accompagna ses restes jusqu'à leur lieu de repos ; c'étaient les funérailles d'un prince que les siennes : et, dit Vasari, « on lui rendit de plus grands honneurs après sa mort que pendant sa vie. »

Plusieurs de ses parents, qui ne l'avaient guère soigné, vinrent, comme il était sur le point de mourir, le prier instamment de leur laisser un petit domaine qu'il possédait.

« Mes chers parents, leur dit-il, je ne puis vous accorder ce domaine : il me paraît juste de le donner au laboureur qui l'a fait valoir à la sueur de son front. Vous n'avez contribué en rien à l'améliorer ; vous vous êtes contentés de le désirer, et vous voudriez qu'il fût le prix de votre visite ! Allez, je vous donne ma bénédiction. »

Il meurt en 1466, dans sa quatre-vingt-troisième année.

Ainsi grandit et se fortifie la statuaire comme l'architecture, expression aussi des sentiments des peuples et symbole de leur croyance : symboles effrayants, terribles, ou consolants et paternels. Il semble que l'humanité ait craint Dieu avant de l'aimer. Les premières statues sont des masses informes, gigantesques, qui font courber l'idolâtre : dans l'Inde , condamnée à servir une religion mystérieuse , pleine d'énigmes et d'hiéroglyphes ; dans la Grèce , se jetant dans les bras des humains et, comme le géant Antée, retrouvant sa force sitôt qu'elle a touché la terre; secouant l'immobilité des dieux , et, dans sa fière émancipation , absorbant la vie de l'humanité. Les dieux paraissent là sous la forme humaine, et c'est dans une beauté idéale que l'imagination gracieuse et riante des Grecs les représente. La tendance la plus naturelle de l'esprit humain, c'est de chercher à sortir du monde positif où il est à l'étroit et de s'élancer vers l'idéal. Le génie a surtout un grand besoin de l'idéalité. Quand ce qu'il y a dans le monde, autour de nous, ne répond pas à ce qu'il y a dans notre âme, il faut chercher un langage nouveau pour réaliser les visions intérieures, la beauté suprême, la beauté rêvée.

La superstition indienne est dans ses dieux à faces d'animaux : la liberté grecque, dans ses idéales et poétiques créations ; la religion du moyen âge. dans la ravissante image de la madone.

CHAPITRE VI.

L'architecture cependant touche à son apogée.
C'était un grand et vigoureux génie que celui
de Filippo Brunelleschi (1377-1446). Cet homme,
qui demandait un point d'appui pour retourner
le monde, n'avait pas reçu de la nature des formes privilégiées ; mais elle avait mis tous ses
efforts à lui former une prodigieuse intelligence.
A voir son visage austère, on devinerait son imagination féconde qui enfanta des merveilles : ses
narines se dilatent puissamment devant les scènes

imposantes de la nature ou les chefs-d'œuvre des hommes. Son nez courbé comme le bec de l'aigle, sa lèvre serrée et muette révèlent la volonté, la volonté forte qui renverse et broie l'obstacle ; qui se soumet aux privations rudes, aux veilles incessantes, aux recherches profondes, aux études les plus abstraites d'une intelligence humaine. Ses yeux nagent à fleur de tête ; et, formé par le labeur de la jeunesse, son visage a des lignes fermes, témoignage de passions généreuses et ardentes.

Comme la plupart des hommes de talent, Brunelleschi a forcé sa vocation.

« Son père était notaire, dit Vasari ; il souhaitait que son fils embrassât son état, ou du moins qu'il se livrât à la médecine ; mais, à son grand déplaisir, il dut céder à l'impérieux penchant qui l'entraînait vers les arts. »

Ce fut donc encore dans l'atelier d'un orfèvre que le jeune homme fit son apprentissage. Apte à tout et dévoré d'une grande soif d'ambition, il étudiait en même temps la physique, la mécanique, la perspective ; et, fatigué des

travaux de la science, il se délassait à lire la
Bible et Dante. La génération enthousiaste du
grand poète n'était pas éteinte; ses vers étaient
cités par le peuple; de son vivant même, le
banni de Florence eut souvent de fiévreuses colères en entendant les muletiers réciter en la
mutilant sa sombre et vindicative poésie.

L'âme véhémente de Filippo en faisait ses délices et s'harmonisait avec les larges et religieuses idées de la terrible épopée. A le voir
dans la chaleur de la conversation ou dans les
doux épanchements du cœur avec son ami Donato en citer de longs fragments avec enthousiasme et sympathie, on eût dit qu'il y avait
fraternité entre son génie et celui de l'exilé.

Ainsi, deux livres nourrissaient toutes ces
chastes mais fiévreuses intelligences du moyen
âge.

Brunelleschi avait résolu de vouer sa vie aux
beaux-arts. Mais les beaux-arts ont des routes mul-
tiples, et sa jeunesse n'avait pas encore choisi :
la voie lui importait peu, mais il y ambitionnait le premier rang. On lui avait offert de

partager les travaux de Lorenzo, qu'il lui avait si noblement adjugés ; mais une rivalité, quelque glorieuse qu'elle fût, ne l'accommodait pas : c'était la part du lion qu'il voulait. Il se décida à partir pour Rome.

Son père lui avait laissé un petit domaine. Il le vendit pour subvenir aux frais du voyage ; et, joyeux pèlerins, lui et Donato, son fidèle ami, s'en allèrent. En arrivant à Rome, « il fut frappé de stupeur, dit son biographe, à la vue des merveilleux monuments que renferme cette ville. » Son lot fut choisi ; l'architecture lui sembla l'emporter infiniment sur les autres branches de l'art ; et le voilà mesurant les corniches, levant les plans des édifices et ne laissant dans la vieille Rome ni dans ses environs pas un temple, pas une ruine, pas un tronçon de colonne qu'il ne dessinât et dont il ne se rendît compte. Dans son ardeur, il oubliait les soins de la vie, les heures des repas et du sommeil. Deux vastes idées germaient en lui : placer son nom à côté de ceux de Cimabué et de Giotto, en remettant en honneur la bonne architecture

antique ; réunir les quatre nefs de Santa-Maria-
del-Fiore par une immense coupole dont personne,
depuis la mort d'Arnolphe, n'avait osé se charger sans faire une dépense prodigieuse de char-
pentes. C'était là son secret, sa pensée, son
avenir.

Pour atteindre à ce but, il fallait d'opiniâtres
études : il ne négligea rien.

« Il allait, dit Vasari, dessinant les temples
circulaires, les carrés, les octogones, les basiliques, les aqueducs, les bains, les arcs de
triomphe, les colysées, les amphithéâtres et surtout les temples construits en briques. Il y apprit les procédés de la mise en œuvre des matériaux, les secrets de leur liaison, de leur
transport et de leur pose. Ayant remarqué que
toutes les grosses pierres étaient percées d'un
trou au milieu, il retrouva et remit en usage
cet outil de fer dont on se sert pour élever les
pierres et que l'on appelle *la louve.* Il sut distinguer les ordres dorique, ionique et corin-
thien, et il poussa ses études à un tel point,
qu'il était capable de recomposer d'imagination la

ville de Rome telle qu'elle était avant d'avoir été ravagée. »

Trouvaient-ils quelques brisures de chapiteaux, quelques débris de bas-reliefs, quelques mutilations de statues, les deux amis faisaient opérer des fouilles, et vaines n'étaient pas toujours leurs recherches. Ils trouvèrent une fois un vase antique plein de médailles. On crut alors qu'ils s'occupaient de géomancie; et quand ils passaient dans les rues, on les montrait du doigt, et les femmes les appelaient *les hommes au trésor.*

La bourse des deux amis se trouva vide; et, pour la remplir, Brunelleschi n'avait plus un nouveau domaine à vendre. On se sépara. Donato reprit le chemin de Florence; Filippo redevint ouvrier orfèvre et continua ses travaux.

Tant de fatigues altérèrent sa santé; il tomba malade et se hâta d'aller respirer l'air de son pays. Sa moisson d'ailleurs était faite; ce qu'il avait rêvé, il pouvait l'accomplir. Brunelleschi tendait les bras à l'avenir et hâtait de ses désirs le moment de la lutte.

Elle vint.

L'œuvre d'Arnolphe n'était point achevée, et Filippo, à son retour à Florence, trouva les marguilliers de Santa-Maria-del-Fiore et les consuls de la corporation de la laine en délibération pour l'élévation de la coupole. Il leur donna des avis et des modèles ; et, sans perdre de temps, on se mit à l'ouvrage pour suivre la marche qu'il avait tracée.

Les marchands florentins qui résidaient en France, en Allemagne, en Angleterre, en Espagne, avaient reçu l'ordre d'envoyer à Florence les artistes les plus habiles de ces pays. Un concours que Brunelleschi avait provoqué devait s'ouvrir en 1420 pour trouver les moyens d'achever la coupole, et c'était au plus expérimenté que le travail d'une entreprise si gigantesque devait être alloué.

La foule des architectes arriva.

Que de systèmes, que de plans furent présentés ! que de contradictions s'ensuivirent ! Que de déboires, d'humiliations, d'injurieux affronts souffrit Filippo ! Lui, dont les veilles avaient

été employées à une seule étude, à la construction formidable de ce dôme qu'il revendi-
quait comme sa part d'héritage, comme son bien,
comme sa gloire ; lui, dont l'intelligence saine
et les raisonnements fermes pouvaient seuls faire
jaillir la lumière, fut en pleine assemblée traité
d'impudent, de visionnaire, de fou, et jeté à
la porte !

Fou sublime, qui devait enfanter une étonnante
merveille !

Un moment désespéré, Brunelleschi ranima
son courage. Il défia ses rivaux d'exécuter ce
travail. Il aurait présenté ses plans ; mais il re-
doutait l'ignorance autant que la jalousie et la
haine ; il patienta : il avait foi en lui, et la foi
enfante l'impossible.

Les assemblées néanmoins se continuaient
bruyantes, confuses, irrésolues. Alors eut lieu
la scène que renouvela le Génois Colomb :

« Que celui-là fasse la coupole, s'écrie Filippo,
qui pourra faire tenir debout cet œuf ! »

Et les rivaux tentèrent. Lui cassa la pointe de
l'œuf et résolut le problème.

Enfin, l'achèvement du temple lui fut alloué. Lorenzo Ghiberti lui fut adjoint ; mais un jour il se débarrassa de cet importun collègue, qui, moins généreux que lui, avait accepté un partage qu'il ne méritait pas, et seul (1423), il continua l'œuvre de son étude favorite, de ses méditations et de son génie. La coupole s'éleva hardie et majestueuse vers le ciel : l'envie et la haine se turent alors ; on ne songea plus qu'au génie effrayant de l'architecte. Mais la crainte, la superstition s'en mêlèrent, lorsqu'il s'agit d'asseoir la lanterne dont le poids immense épouvantait.

« C'est vouloir tenter Dieu, disait-on ; c'est déjà un assez grand bonheur d'avoir été si loin. »

Brunelleschi ne tenait compte de ces paroles et continuait sa coupole, laquelle, selon l'expression de Vasari, « lutte avec le ciel, et que l'on confond souvent avec les montagnes qui entourent la cité florentine. »

Ce n'était point assez pour Filippo d'élever le dôme d'un temple. Durant ce travail, il construisait des palais, traçait des plans de forteresses, bâtissait des abbayes, élevait des tours, achevait des églises, et donnait à Cosme le plan d'un merveilleux palais, que le prince n'osait faire construire, de peur d'exciter l'envie de ses concitoyens.

A Mantoue, il renfermait le fleuve dans des digues puissantes ; à Pise, il donnait à la ville une ceinture de murailles, et François Sforce lui disait, « que si chaque État avait un homme semblable à lui, il n'aurait plus besoin d'armes pour se défendre. » A Lucques, il essayait d'ouvrir une brèche aux murailles par la violence des eaux ; et, devenu mécanicien, il trouvait encore des loisirs pour les pieuses représentations dont au quinzième siècle étaient fous les Florentins.

Depuis Arnolphe, cent vingt ans s'étaient écoulés. Brunelleschi allia d'une manière puissante et heureuse le sentiment artistique de l'antiquité au sentiment religieux du moyen âge. Les lettres, les sciences, les arts avaient suivi une même impulsion : les littérateurs avaient jeté des idées parmi la foule, et la foule et les artistes les avaient reçues et les avaient propagées. Les arts n'élaborent pas les idées, mais ils les constatent et les fixent. Ce que les savants avaient fait pour les lettres, il le fit pour les arts, c'est-à-dire il harmonisa le génie antique avec le génie moderne : Dante et Pétrarque étaient ses vexillaires ; la nature et la science, ses guides.

Il fut novateur, novateur comme les Ghiberti, les Donato, les Masaccio. A son époque, un dogme farouche repoussait encore l'antiquité ; il se débarrassa du joug et ranima les traditions de l'antiquité. « A la grandeur antique il joint l'indépendance et la naïveté du moyen âge. » Michel-Ange disait en face de sa coupole :

« Il est difficile de faire aussi bien ; il est impossible de faire mieux. »

Et lui seul devait faire mentir cet éloge.

La gloire de Filippo est donc dans l'élévation de sa coupole.

La coupole de nos églises nous vient des Orientaux. Ce n'est qu'au douzième siècle que les Vénitiens, en commerce avec les contrées orientales, en importent l'idée dans l'Italie. De la fin du treizième siècle au commencement du quinzième, la coupole avait été négligée et remplacée par des voûtes d'arête dont les nervures aboutissaient au point central des quatre nefs, ou par une tour carrée, qui dominait à mesure qu'elle dépassait la toiture, et qui se terminait par une pointe aiguë, d'où lui vient le nom de *flèche* ou d'*aiguille*, qu'elle changea plus tard pour celui de *clocher*. C'était le règne de l'architecture gothique. Ce goût pénétra moins en Italie que dans les régions du Nord : Arnolphe, commençant Sainte-Marie-la-Fleur en 1298, avait dessein de la couronner d'une coupole.

L'architecture gothique, quand vint Brunelleschi, était dans sa splendeur ; mais les choses et les idées avaient suivi la rotation de la sphère humaine, et quoique marchassent les hommes, ils avaient tourné leurs regards vers les civilisations du passé.

La religion avait adopté pour ses temples une image, un symbole, la croix : soit comme un souvenir du signe miraculeux qui rassura l'armée de Constantin ; soit que la chrétienté

instinctivement adoptât ce souvenir du rachat des
hommes ; soit que la tradition des basiliques
chalcidiques l'ait conservé. Quoi qu'il en soit ,
le monument des chrétiens est différent de celui
des païens. Le temple de ces derniers était petit ; peu de personnes y pénétraient pour y offrir la colombe ou le sacrifice. Mais , chez les
chrétiens , la foule toujours croissante des fidèles , la parole du pontife qui devait reten-
tir , obligèrent de les rendre larges , spacieux.
Les Italiens y affectionnèrent les flots de soleil ; le Nord , l'obscurité et la magnificence des
vitraux.

Les républiques italiennes perdent tous les jours
quelque fragment de leur liberté orageuse, mais
se débarrassent de la domination papale. Deux
faits caractérisent cet âge de la civilisation : l'é-
tude de l'antiquité et l'amour de l'érudition ou
de l'universalité. Dans les lettres et dans les
arts , nous retrouvons ces deux volontés , ces
deux irrésistibles tendances. Va venir le jour où
l'esprit humain , oubliant dans un effort sublime
les dominations du passé , cherchera dans un

monde nouveau d'idées de nouvelles bases de civilisation.

Léon-Baptiste Alberti est l'encyclopédiste du quinzième siècle. Ni la pratique ni la théorie ne lui sont étrangères. Ses livres répandent sa réputation, tandis que les monuments qu'il élève dotent les peuples de souvenirs. Jamais vie d'homme ne fut mieux remplie que celle d'Alberti : et tant sont nombreuses ses œuvres, que l'on dirait qu'il n'y eut ni repos, ni sommeil, ni joie, ni festin dans sa vie. Au milieu des troubles et des fureurs qui déchiraient sa patrie, qui donc lui avait inspiré cet amour ardent des arts et des sciences ? La nature et l'éducation domestique. Talent facile, il se jouait des difficultés, se riait des obstacles, les éludait ou les franchissait d'un bond vigoureux. Ce qui en aurait affligé un autre pour lui devenait un triomphe : aussi se plaisait-il à l'étude et s'y livrait-il comme on se livre aux bras d'une amie.

« Mes heures de travail étaient tellement distribuées, disait-il, que pas une minute n'était perdue ; j'aurais été complétement heureux si les journées n'eussent pas été si courtes. »

Et n'oublions pas que c'était dans l'exil que travaillait le jeune Alberti. Sa famille, tour à tour triomphante et proscrite dans la faction des blancs et trop célèbre pour n'y pas jouer un grand rôle, était alors chassée de Florence. Ce fut donc de bannis et dans le bannissement que Léon-Baptiste reçut la naissance. C'était vers la fin du quatorzième siècle (1398 ou 1400). En ce moment on se retournait avec passion vers l'antiquité. Il y avait là tout un monde à ranimer, toute une civilisation à reconquérir, toute une philosophie à ressusciter ; des langues, des arts à retrouver, et des armes toutes prêtes pour combattre le vieux système. Alberti était propre à répandre les idées antiques et à être un lien de transition sociale ; son enfance avait été élevée dans la langue latine ; la langue grecque lui était familière, tandis que le langage national était étranger pour lui ; et plus tard même il dut se remettre à cette étude. Les langues anciennes lui donnèrent l'inspiration et la révélation.

l'initièrent aux secrets des vieilles écoles d'A-
thènes et de Rome, et lui firent jeter à pleines
mains dans la nouvelle société les mystères des
civilisations antiques.

Poète, philosophe, historien, critique, mathéma-
thicien, moraliste, orateur, architecte, Léon-Baptiste
voulait tout savoir. A peine son corps vigoureux
pouvait-il résister aux veilles qu'il lui imposait;
l'énervement, la maladie, le vertige le forcèrent
même à prendre du repos. Mais la faiblesse avait-
elle disparu, que vite il revenait au travail, se
délassant des études mathématiques par la musique ou le dessin, et du dessin par la philosophie, l'architecture, la gymnastique.

Sa force intellectuelle étonnait ; sa force physique ne surprenait pas moins. Une flèche partie de
sa main transperçait la plus épaisse cuirasse de fer.
On dit qu'il sautait par-dessus dix hommes debout sans effleurer la pointe de leurs cheveux.
D'un doigt il lançait avec tant de vigueur une
petite pièce de monnaie, que celui qui se tenait à
ses côtés l'entendait siffler dans les airs et résonner
en frappant une muraille éloignée de trois cents

pieds. Sous son éperon, l'étalon le plus fougueux, le plus indompté tremblait et frémissait de tous ses membres, comme un daim sous la griffe d'un lion.

Alberti fut un homme prodigieux pour ses contemporains ; ce qu'un génie de son temps pouvait savoir, il le sut. Sa soif d'érudition en fait une médaille véridique de son époque. Admis dans la société, dans l'intimité de Laurent de Médicis, ce fut principalement dans l'ermitage des Calmaldules, où se réunissaient les savants et les philosophes pour de fécondes et libres discussions provoquées par le prince, qu'il fit briller sa verve d'improvisation et son enthousiasme en versant sur l'assemblée ses idées novatrices. C'était là que l'on célébrait la fête des grands hommes de l'antiquité, que l'esprit ancien se mêlait au moderne ; qu'après une dissertation brillante sur Platon, on venait à Dante. Les premières attaques dirigées contre la scolastique partirent de là : ces réunions furent un foyer de sciences nouvelles, et Léon-Baptiste y domina par la chaleur et l'érudition de son génie.

Les nombreux ouvrages qu'il a laissés prouvent sa force et sa science. Joignez-y les admirables qualités de son cœur, et vous aurez Léon-Baptiste Alberti, « homme unique, si le Vinci n'eût pas existé. »

La prise de Constantinople (1453) refoule en ce moment les arts et la pensée sur l'Occident. L'imprimerie se découvre (1457). Le fleuve de la civilisation va couler au milieu des peuples.

CHAPITRE VII.

L'art chaque jour avance d'un pas. La jeune
génération pousse en avant ; les littérateurs pro-
pagent de nouvelles idées, et les peintres vont
chercher dans leurs poèmes les sujets de leurs
ouvrages. Avec le quatorzième siècle s'évanouit
l'obstination au symbolisme. Pourtant, il est encore des hommes de conviction et de foi, qui,
sur les débris du passé, font effort pour ranimer ce qui est éteint. Doués d'énergie et de
talent, mais impuissants à arrêter les changements

qui s'opèrent, ils sont stationnaires ; mais leur immobilité n'entrave pas les innovations. Et cela est juste. S'arrêter quand marche l'humanité, n'est-ce pas faire l'œuvre d'un enfant qui voudrait intercepter les eaux d'un fleuve avec la main ? Néanmoins, on ne peut refuser sa sympathie à ces natures ardentes qui s'ensevelissent avec tant de noblesse et de dévouement sous les ruines d'un triomphe passé. Ces hommes-là sont d'une trempe solide, et mourir vieillard avec la féconde et vierge croyance de sa jeunesse et de sa vie doit inspirer le respect. L'aspiration vers un monde mystérieux, les élans vers l'infini, l'extase, voilà le mysticisme. Il méprise la forme, les détails; l'individu disparaît dans l'immensité ; l'homme est humilié. Mais, en revanche, quelles enthousiastes formules de foi ! quelles généreuses inspirations ! que d'espérance ! que d'amour ! Le pieux Angelico da Fiesole ne pleurait-il pas en représentant la Passion du Sauveur ? et n'environnait-il pas ses admirables visages de madone de tant de mansuétude et d'amour, qu'on ne pouvait se rassasier de les contempler ?

N'était-ce pas aussi le même homme qui refusait, dans sa chrétienne humilité, l'archevêché de Florence, « comme n'étant pas propre à gouverner les hommes ? » Le mysticisme émeut profondément les âmes disposées à s'exalter ; il est élevé dans ses tendances, et presque toujours il est uni aux plus éclatantes vertus ; mais il est déplorable, parce qu'il fait un étrange abus de l'intelligence, au lieu d'en faire un légitime usage.

Cependant l'étude des arts, comme l'incendie porté par les vents, a gagné de proche en proche. Florence, en déversant son trop plein, a initié les principales villes italiennes à ses nombreuses merveilles. Le mouvement galvanique qui la secoue a remué les États de l'Église : Bologne, Ferrare ont eu déjà des maîtres célèbres ; mais bien avant, Venise a envoyé vers la cité florentine sa jeunesse pour s'y perfectionner ; l'inébranlable, la riche Venise, qui a vu naître et mourir tant d'empires autour d'elle, avait surgi tout à coup au milieu des lagunes, lorsque le fléau de Dieu poussait son cheval à

travers les nations, et qu'il disait que l'herbe
ne repoussait pas où il avait passé. Cité fée-
rique, imposante, dont le glaive napoléonien
trancha la vie, pour laquelle les historiens ont
trouvé des pages éloquentes et passionnées, et
où Byron se trouvait tant ému :

« J'étais à Venise sur le pont des Soupirs,
un palais d'un côté, une prison de l'autre. Je
voyais ces édifices s'élever du sein des eaux,
comme au coup de baguette d'une fée. Mille ans
étendent autour de moi leurs sombres ailes, et
une gloire mourante sourit à ces temps éloignés,
où plus d'une terre soumise levait les yeux vers
la colonne de marbre du lion ailé ; alors que
Venise était Venise et qu'elle dominait sur les
cent îles. Elle ressemble à une Cybèle qui, sortant du sein des flots, élève majestueusement
sa tête humide couronnée de tours orgueilleu-
ses : c'est la dominatrice de la mer et des puis-
sances de la mer. Telle était Venise ; les dépouilles de nations servaient de dot à ses filles,
et l'inépuisable Orient venait répandre sur son
giron, en pluies étincelantes, ses riches pierreries.

Elle avait des vêtements de pourpre ; les monarques se pressaient à ses fêtes et se croyaient plus grands ensuite. »

Les Bellini ont jeté au quinzième siècle (1426-1501) les fondements de l'école vénitienne. Cette famille commença de se faire connaître dans le siècle précédent ; mais Giovanni et Gentile l'illustrèrent dans la seconde période du quinzième. Le beau coloris de Venise se trouve déjà dans leurs compositions ; ils furent choisis par leurs compatriotes pour être les peintres d'histoire de la puissante république. Les pages historiques de Gentile sont bien de la peinture nationale ; elles renferment les émotions triomphantes et rappellent les patriotiques fêtes d'un peuple que bercent et endorment les vents de la tempête. C'est le pape Alexandre III, remettant solennellement, sous le porche de Saint-Marc, au doge Foscari, le cierge bénit qu'il doit porter dans les processions ; c'est le même pontife, exhortant la noblesse vénitienne et son chef à armer à frais communs trente galères contre Frédéric Barberousse ; c'est la bénédiction des armes du doge et de l'armée qui va combattre ; enfin, c'est le retour du doge victorieux, auquel le pontife donne l'anneau d'or pour épouser la mer :

> Pacte mystérieux, symbolique tableau,
> Qu'inventa la cité, fille et reine de l'eau ;
> Jeux sacrés d'autrefois, que, sur l'Adriatique,
> Créa, dans ses beaux jours, un peuple poétique ;
> Sur ses quais, sur ses ponts qui se courbent en arc,
> Sur les marbres polis de la place Saint-Marc,
> Ce peuple, saluant une mer qu'il adore,
> Suivait avec orgueil le vol du BUCENTAURE ;
> Là, Venise épousait avec solennité
> La mère de sa gloire et de sa liberté,
> Et le doge, courbé sur la profonde vague,
> Prêtre de cet hymen, laissait tomber la bague.

Némésis, Satire XIV, par Barthélemy.

Les Bellini jouirent d'une si grande réputation, que leurs peintures allèrent même provoquer l'admiration de Mahomet II. Ce fils d'une chrétienne, qui haïssait le christianisme et traitait le prophète d'imposteur, connaissait la littérature de l'Orient et s'enflammait à la lecture des héros chantés par les poètes. Il aimait les arts et demanda à Venise de lui envoyer son peintre célèbre, Giovanni Bellini. Et Venise se hâtait de se rendre aux souhaits de cet homme. Son frère étant déjà vieux, les galères vénitiennes conduisirent Gentile à Constantinople. Mahomet l'accabla de caresses. Mais tant l'ignoble vandalisme avait pesé sur la malheureuse ville, mais tant avaient été étouffées les généreuses étincelles de la civilisation, que, dans ce beau foyer des arts, il n'y avait plus trace ni souvenir des arts ! L'ambitieux Mahomet, en contemplant les ouvrages de l'artiste, ne pouvait croire qu'un homme mortel pût imiter si parfaitement la nature, et il se persuadait que Gentile tenait quelque chose de la divinité. Mais le prophète a dit : « Tu ne feras pas d'images. »

Un jour, Mahomet appela le peintre, lui passa au cou une chaîne et un collier d'or, lui donna une bourse de trois mille ducats, le chargea d'une lettre de recommandation pour le sénat de Venise et le remercia de ses services.

Venise s'émut en revoyant l'artiste, et la seigneurie et le doge allouèrent une pension au peintre voyageur.

Maintenant, laissons l'histoire de Venise pour la reprendre au Titien. Cette histoire ne peut pas être présentée par lambeaux. C'est un drame dont les événements sont si rapprochés, qu'on ne peut le scinder sans en faire évanouir l'intérêt. Disons un mot des fêtes nationales de l'Italie au moyen âge. La science et l'habileté des artistes y ont joué un grand rôle. En parler n'est point nous écarter de notre sujet, mais faire mieux connaître le caractère de l'époque folle, passionnée, mobile. Le carnaval de Venise est connu. Nous parlerons seulement de Florence.

Déjà, en 1304, nous avons vu un échantillon de ces fêtes au pont de la Carraia. Mais depuis, sans abdiquer leur caractère religieux, elles ont cependant dépouillé la mystérieuse crainte de cet homme qui, selon les femmes de l'époque, venait de l'enfer. Depuis Dante, elles se sont humanisées pour ainsi dire, et ce peuple, qui, sous les empereurs, ne voulait que « le pain et les théâtres, » a plus soif que jamais d'amusements et de scéniques représentations.

Au fait, il y a dans l'homme un tel amour d'émotions, qu'à défaut de réelles, il lui en faut de fictives. La vérité qu'il peut connaître est peu étendue ; mais le domaine de l'imagination et du possible est infini. L'homme est un enfant qui demande à sa nourrice des histoires qui l'effraient : la terreur est la pâture du drame. C'est le besoin d'émotions qui faisait avides les Romains de leurs combats de gladiateurs ; qui, aujourd'hui encore, fait aimer à l'Espagnol ses combats de taureaux sauvages : qui pousse la populace au pied des échafauds et lui donne une joie ignoble à voir trancher des têtes ; qui porte enfin au théâtre une portion plus civilisée, plus humaine de la société, pour y trouver le bonheur d'être ému, de l'être profondément, souverainement, mais sans aucun des périls dont nous avertit la douleur : car là où la douleur est ressentie, là il n'y a plus de plaisir. Au théâtre, nous nous trouvons dans toute l'activité de notre être ; nous nous y voyons agissants, intelligents et sensibles ; corps et âme sympathisent et s'émeuvent aux scènes représentées. C'est là ce que l'on peut appeler la poésie des sentiments, car c'est éprouver en soi la jouissance du développement de toutes ses passions.

Le paganisme avait profondément enraciné chez les peuples la passion du théâtre. Le christianisme devait lancer l'anathème contre lui et le détruire. Le théâtre n'était-il pas devenu une école de corruption et de débauche ? N'avait-il pas versé la dérision sur les choses saintes ? Et les martyrs n'avaient-ils pas été déchirés par les bêtes fauves, au milieu des cirques, pour amuser le peuple-roi ? Et, chose étrange ! la religion ressuscita le théâtre. Rappelez-vous l'Espagne et ses *autos* sacramentaux ; la France et les mystères de la Passion, ces drames pieux, bouffons, railleurs, qui se jouaient sur la fameuse table de marbre du Palais-de-Justice ; qui se commençaient sur la terre, et qui se terminaient dans l'enfer ou dans le ciel : cette bizarre fête des Fous, qui réjouissait tant nos bons aïeux : et

déjà, au treizième siècle, ce jeu de saint Nicolas, où se mêlent l'histoire et le merveilleux, sorte d'épopée qui signale l'enfance d'un
peuple. Ces drames sont nés des croisades ; on
les jouait dans les églises ; on dressait l'écha-
faudage au-dessus du maître-autel ; la représentation était solennelle et accompagnée des chants
religieux de l'assemblée. Florence, plus avancée
dans sa civilisation, plus amoureuse de sa liberté, plus fière de rappeler ses conquêtes, mêla
volontiers ses fêtes nationales aux mystères re-
présentés dans les basiliques et les couvents.

On s'étonne à analyser les ingénieuses inventions des architectes florentins pour satisfaire à
ces pieux besoins du peuple. C'était toute une
science spéciale qu'ils devaient posséder, et il
leur fallait non-seulement du talent, mais encore cette naïve religion qui convenait à ces
fêtes. Dans les églises, on avait imaginé des nuages qui s'élevaient, descendaient ou manœu-
vraient à volonté ; des anges venaient du ciel,
paraissaient au milieu de la scène, remplissaient
leur message, saluaient et remontaient sur le

flot de nuages. Dans la coupole, ou dans la partie supérieure de l'église, on avait simulé un système solaire, semé des zones qui jouaient les étoiles et qui avaient un mouvement de rotation. A certains jours de fête, on pavoisait les rues de Florence, ou seulement un quartier dont on célébrait l'anniversaire du patron. Alors, au milieu de la procession, apparaissaient les nuages que chaque corporation ou chaque confrérie avait arrangés à sa manière. Sur la partie élevée et environnée d'anges était un personnage vivant représentant le saint. Souvent même, c'était le Christ ou la Vierge que l'on affublait ainsi sur la vapeur des nuages. Derrière, venaient des hommes à cheval et des sergents à pied revêtus de costumes appropriés à la circonstance. A la suite, des chars de triomphe dont on démontait les roues, afin de pouvoir tourner les rues de Florence sans secousses et sans le moindre danger pour les acteurs.

Si la fête le comportait, on simulait des saints morts ou martyrisés : les uns traversés d'une lance ; les autres, d'une épée ; ceux-là, d'un poignard enfoncé dans le gosier. Puis, comme il fallait que le merveilleux s'en mêlât, marchaient, suivant le cortége, des géants armés d'une massue, d'une lance ou d'une arme semblable à celle que les romanciers donnent à Morgant. Une fois encore la vieille poésie des légendes était mise à contribution ; l'imagination populaire s'en accommodait fort. Eh ! mon Dieu ! la France, au seizième siècle, ne s'émerveillait-elle pas au géant Gargantua du Tourangeau Rabelais ? A côté des géants, des géantes dans un accoutrement non moins pittoresque. C'étaient des hommes montés sur des échasses de cinq ou six brasses, couverts d'énormes masques, de draperies et d'armes peintes, d'où sortaient des bras et des jambes d'une grandeur prodigieuse. La mort avait sa part dans cette fête folle, bouffonne, étrange, fantastique : de hauts fantômes suivaient en s'appuyant sur une pique et effrayaient les petits enfants. Nouvel Archimède, le Cecca, l'inventeur de ces divertissements, fut tué, en défendant une ville, d'un trait d'arbalète que lui décocha un prêtre.

Voici pour les fêtes nationales :

Le matin de la fête de la Saint-Jean, à Florence, vers la place des Seigneurs, il y avait une représentation triomphale et merveilleuse. Dans un cercle aussi large que permettait la place de le faire, on avait disposé cent tours qui paraissaient d'or, et que l'on portait les unes à bras et les autres sur de petits chars arrangés à cet usage. Ces tours étaient faites de bois léger et de carton ; vides à l'intérieur et au dehors ornées de figures en relief, d'or et de couleurs. Des hommes disparaissaient au centre de ces tours et faisaient mouvoir toutes ces figures, représentant ici des rondes de jeunes filles ; là, des piétons armés de lances ; ailleurs, des chevaliers dirigeant leurs chevaux.

Le palais des Seigneurs se pavoisait. On attachait à des anneaux de fer les drapeaux des villes qui payaient tribut à Florence (chaque palais florentin possédait de semblables anneaux, où les grandes· familles, durant les émeutes, passaient leurs couleurs pour que leurs partisans vinssent s'y réfugier) ; et lorsque la

foule était rassemblée, que la dixième heure
arrivait, que les rayons du tiède soleil de mai
tombaient sur la joyeuse cité, commençaient les
offrandes faites par les représentants du peuple ou
par les capitaines du parti guelfe. Les ambassa-
deurs, les chevaliers étrangers suivaient l'enseigne populaire portée par un jeune page dont
le cheval était caparaçonné et dont le voile blanc
pendait jusqu'à terre. Les cités soumises, portant leurs oriflammes de soie, marchaient à la
suite. Devant elles, allaient les habitants de ces
mêmes villes, portant des cierges qu'ils allumaient à l'autel de saint Jean. Sur un char
orné et tiré par deux bœufs, ils allaient offrir
aux seigneurs de la Monnaie un cierge colossal,
image ou symbole, sans doute, de leur puissance. Les prisons étaient ouvertes ce jour-là :
douze prisonniers entendaient les lourds ver-
rous tourner dans leurs rauques cylindres, et
les portes bardées de fer s'ouvraient devant eux :
ils revoyaient ce soleil, vie des hommes, et ils
se rasseyaient à la table de famille à laquelle ils
avaient dit adieu.

Ces fêtes nationales entretenaient la dignité de la nation ; mais tous les ans elles perdaient quelque chose du principe qui les avait enfantées et des sentiments nobles qui les faisaient vivre. Elles dégénérèrent en bouffonneries extravagantes, devinrent l'objet de la risée, et s'évanouirent complétement par la volonté d'une nation étrangère, au commencement du dix-neuvième siècle (1808).

Ces solennités étaient accompagnées des sons éclatants de la cornemuse et de la trompette, et remontent au treizième siècle. Les premières mentions des historiens datent de ce temps-là du moins. Elles étaient suivies de courses de chevaux, et le vainqueur, revêtu de velours cramoisi bordé d'hermine et d'ornements d'or, était porté en triomphe par les rues de la ville. Les jeunes filles, habituellement renfermées, paraissaient en public ce jour-là, réjouissaient la jeunesse florentine de leurs doux visages, et semblaient au milieu de la foule comme ces charmantes et blanches fleurs de la Saint-Jean, qui parfument les vertes prairies du

printemps. Tant que fut aimée la liberté , furent belles ces fêtes ; mais quand le pouvoir fut
aux mains d'un seul , elles ne servirent plus
qu'à donner le change au peuple sur sa liberté
morte.

CHAPITRE VIII.

Avant de retourner au récit que nous avons interrompu , analysons rapidement l'histoire de la miniature ; il y a là aussi des images à surprendre de la vie italienne au moyen âge ; les émotions monastiques sont là avec la foi naïve, l'humilité profonde et la consolatrice espérance.

C'est dans la mosaïque et la miniature qu'il faut chercher les premiers développements de l'art ; c'est dans les catacombes que l'art chrétien prend naissance.

L'histoire de la miniature se divise en deux grandes séries : l'orientale et l'occidentale. Dans la première , on retrouve les affections et les pratiques communes aux Orientaux ; dans la seconde , les croyances des Occidentaux. Dans leurs demeures souterraines , où ils fuyaient la persécution et se livraient à la prière , les chrétiens devaient éprouver l'inspiration mystique , et c'était sur la pierre qu'ils traçaient ces linéaments grossiers , authentiques témoins de leur enthousiasme et symbole de leur croyance. Constantin ouvrit les portes des catacombes ; l'art et la religion apparaissent à la lumière du soleil. La religion est nouvelle, mais l'art n'est point nouveau comme elle. La miniature et les monuments artistiques de cette époque reproduisent l'art antique dans toutes ses formes. Ce sont les mêmes personnifications, les mêmes attributions ; attitudes et costumes n'ont pas changé. La méthode architectonique de l'art ancien passe dans l'art moderne ; mais à l'héritage païen se mêle l'inspiration du génie chrétien : les données principales germent et surgissent.

Les œuvres religieuses ont dans leur ensemble
quelque chose de solennel et de simple que n'ont
pas les productions païennes. « L'idée fondamen-
tale, dit Jeanron, est là dans toute sa grandeur et sa simplicité. »

L'Église, pour concourir à son universalité,
dut offrir sa large hospitalité aux instincts les
plus opposés ; l'esprit grec et l'esprit juif lut-
tent. Ces deux intelligences sont toutes con-
traires ; ces deux principes, forts tous les deux,
ne peuvent se détruire : ils s'unissent dans le
sein de l'Église.

Le monde était régénéré, mais il avait conservé des souvenirs. Les païens, convertis, habi-
tués à leur religion des sens, accoutumés à tout
se représenter sous des formes visibles, maté-
rielles, ont dû éprouver les premiers le besoin
de se représenter la Divinité et de se mettre vite à
l'œuvre. Ils idéalisent donc et représentent Jésus-
Christ sous la forme conventionnelle d'un beau
jeune homme et sous des formes molles et élégan-
tes. N'y avait-il pas d'ailleurs des portraits écrits du
Sauveur, et, à défaut de portraits, des traditions ?

Le consul Lentulus était à Jérusalem lorsque le fils du charpentier Joseph n'avait encore que vingt-cinq ans, et voici comment il en parle :

« Il est arrivé dans nos murs, où il est encore, un homme très-extraordinaire ; on l'appelle Jésus ; beaucoup de personnes le regardent comme un prophète de vérité ; ses adeptes le nomment fils de Dieu. Il ressuscite les morts et guérit les blessés. Il est d'un extérieur remarquable, de taille haute et tellement imposante, qu'il inspire à tous l'amour et en même temps la crainte. Sa chevelure est brune, de la couleur du fruit du noisetier lorsqu'il est mûr ; elle est épaisse et polie sur le haut de la tête, où elle est séparée à la mode des Nazaréens, puis elle retombe en boucles ondoyantes sur les épaules. Son front est large et son visage serein, sans rides ni taches, et quelque peu coloré ; la bouche et le nez sont d'une forme parfaite. Sa barbe, qu'il laisse croître, est de la couleur de ses cheveux ; elle n'est pas très-longue, et séparée par le milieu. Ses traits

respirent la persévérance et la candeur : ses
yeux sont grands et brillants : terribles. lorsqu'il adresse des réprimandes ; doux et remplis de bonté, lorsqu'il exhorte. Une douce sécurité règne sur son visage, quoiqu'il soit toujours
sérieux, car on ne l'a jamais vu rire, mais plus
d'une fois on l'a vu pleurer. Il parle peu. mais
tout ce qu'il dit est plein d'autorité : enfin.
tout en lui semble au-dessus de l'humanité. »

> (*Leçons sur l'histoire et Théorie des beaux-arts.*
> par Schlegel.)

Mais les Juifs avaient toujours repoussé la
forme idéale : et, néophytes chrétiens, ils op-
posent une autre image du Christ, un type con-
tradictoire : c'est cette image conservée. tra-
ditionnelle de Jésus, aux joues amaigries. à
l'expression grave et mélancolique, à la barbe
fendue et aux cheveux longs, séparés sur le
milieu du front et tombant sur les épaules. Une
lutte opiniâtre commença. Ce type l'emporta,
étant conforme à la pensée religieuse et aux actions du Christ. Nous le retrouvons dans toutes

les mosaïques des premiers siècles. Cette pensée était un nouvel élément de sentiment, d'impression pour l'art de l'avenir. « C'est , dit Leclanché , la sanctification de la laideur et de la souffrance physiques , réhabilitées par l'expression morale. Tout l'art du moyen âge , tout l'art moderne . opposé à la poétique sereine et idéale de la Grèce , est là. »

Ce que les artistes affectionnent dans ces premiers temps , ce sont les symboles : la croix , l'ancre, le vaisseau , la palme , le poisson , la colombe , l'agneau . et dans la représentation des paraboles , celle du bon pasteur revient souvent. Idée naturelle à des peuples convertis. Et enfin . sous l'image du prophète Jonas , sortant vivant de la baleine ; d'Élie . montant au ciel sur un char de feu ; de Jésus , debout sur la montagne , ils représentent l'idée de la résurrection. de l'immortalité.

On ne songea aux motifs de la Passion que plus tard.

Au sixième siècle . l'Italie se débat dans de délabrantes misères : c'est l'invasion des Lombards sous Justinien. En Orient, paraissent les premiers symptômes de l'art byzantin. La pensée l'emporte sur la forme.

En France, on ne trouve de monuments qu'au règne de Charlemagne. Lui-même encourage le zèle des artistes et des évêques, découvre et protége même le talent près des rois étrangers. Pour lui, les arts sont un bienfait du christianisme ; il les propage, il les féconde et les abrite sous son manteau royal. Les édifices qu'il fit élever ont péri ; mais il nous reste des miniatures entreprises par son ordre. On y retrouve l'influence byzantine.

Sous Adrien Ier et Léon III, l'art s'agite aussi un peu en Italie. Mais l'an 1000 approche ; une mystérieuse terreur paralyse l'activité des peuples. Jusqu'à ce moment on avait travaillé aux catacombes ; mais ce travail cesse, et disparaissent aussi les œuvres d'art. Nous ne retrouvons rien avant le onzième siècle.

L'épouvante passa, mais il y avait tout un monde de croulé. L'âge moderne commence véritablement à l'an 1000. Tous les germes de la

civilisation païenne sont étouffés ; c'est une dissolution complète. Une civilisation nouvelle germe
et tressaille à la voix du christianisme. Au onzième siècle, l'indépendance, l'individualité,
suscitées par la religion et l'art, se réveillent,
et la pensée originale est exprimée. Néanmoins,
c'est dans les livres saints que l'artiste va puiser ses inspirations, et ses œuvres sont étranges, bizarres, fantastiques, semblables aux fantômes d'une imagination en délire ou aux visions
de l'Apocalypse. Peu à peu les formes du corps
deviennent plus nobles et plus naturelles. Au
commencement du douzième siècle, en Italie,
les miniatures sont pleines de richesse et de
beauté. Mais, en Angleterre, les guerres da-
noises, l'invasion normande retardent les arts.
En France, en Allemagne, c'est la période des
croisades. Pourtant, l'art s'épanouit chez toutes
les nations occidentales. Il y a toujours lutte
entre l'idée ancienne et l'idée moderne ; fortes
toutes les deux et ne pouvant se détruire, elles
s'identifient ; la transition est ténébreuse, et il
y aurait témérité à vouloir imposer la ligne de

démarcation à tel jour de la révolution. Il faut mentionner le fait et s'éloigner des subtilités de l'école.

La fondation des universités favorise l'exercice de la miniature ; cet ornement devient populaire , indispensable pour les livres. Alors les attitudes sont moins violentées , les proportions deviennent plus harmoniques, les ornements tendent à exprimer la forme , et les traits du visage sont plus purs. C'est le beau temps des troubadours et des ménestrels, du mysticisme et du cloître; le règne de la théologie et des théologiens ; celui d'Albert le Grand , de saint Thomas d'Aquin ; celui d'Abailard et d'Héloïse. En littérature , la légende des saints modernes , le merveilleux , le roman , le poème épique et la chronique s'exploitent de front avec l'histoire biblique. On vit déjà de l'époque contemporaine. Le vieux monde est croulé.

Au quatorzième siècle, Paris devient le centre des arts et des sciences; son école de miniature est célèbre. Puis, la France se débat dans les désastres de l'invasion anglaise. Le Flamand

Jean de Bruges est le peintre de Charles V. Le peuple parisien pleure la folie de Charles VI, et une jeune fille de Donrémi rend à l'insouciant Charles VII un royaume dont il allait être dépossédé.

Ce sont principalement les moines qui travaillent la miniature, et les ouvrages de ces humbles ouvriers excitent aujourd'hui encore notre admiration. Le monastère des Anges, les Calmaldules, près de Florence, s'illustrèrent dans ce genre de travail : au quatorzième siècle, leurs miniatures remplissaient l'Italie. Don Silvestro et don Jacopo firent leurs plus charmants ouvrages sur des livres d'église, et l'on dit que Laurent le Magnifique et Léon X ne pouvaient assez admirer ces patients travaux.

Au quinzième siècle, le symbolisme antique succéda au réalisme moderne. Leclanché fait ainsi connaître la donnée ancienne et la donnée moderne de la miniature :

« Les maîtres de l'art antique, dominés par les exigences de l'anthropomorphisme primitif, tournent toutes leurs manifestations à l'aspect

typique, à la beauté simple, au galbe balancé,
à la ligne stricte, à l'expression retenue. La
souffrance et la volupté, la force et la mollesse, l'enfance et la vieillesse, la beauté et la
laideur, tous les termes extrêmes enfin sont
ramenés arbitrairement et suivant des canons
constants et une physionomie moyenne, physionomie arbitraire, qui laisse vaguement flotter
l'impression. La moindre nuance, le plus léger
accent suffisent aux maîtres antiques pour spé-
cifier leur représentation ; et quant au caractère, à la coordination et au mouvement, le
moindre calcul les satisfait ; la longueur pro-
cessionnelle du bas-relief ne laisse rien à désirer à l'art antique, et toutes les combinaisons
peuvent y habiter. Les maîtres de l'art moderne travaillent autrement. Nourris dans des
dogmes non moins obscurs, mais plus sympathiques et plus larges, ils se jettent franchement à la poursuite de toutes les réalités du
monde extérieur. L'impression qu'ils en reçoi-
vent ne cherche pas à s'amoindrir dans l'expression qu'ils en donnent. Le réel, pour eux,

c'est le beau. Mais à travers leur œil sympathique, leur intelligence indépendante et leur cœur fraternel, toute réalité se colore de ce qui doit la relever, l'anoblir au degré convenable ; et si de sa nature elle résiste aux puissants réactifs que l'artiste porte en soi, il n'en vient pas moins sûrement à bout dans son œuvre en l'y plaçant comme contraste. Les maîtres de l'art moderne cherchent l'apparence individuelle et non l'apparence générale ; l'expression particulière et non l'expression typique ; la beauté vivante et non la beauté idéale. »

Le réalisme, le paysagisme, l'idéalisme se confondent chez les nations romanes ; elles ont conservé le caractère des nations dont elles sont issues. Mais dans la miniature, l'Italie l'emporta tellement sur les autres peuples, qu'elle interrompit la marche indépendante de l'art ; les peuples abandonnèrent leur génie national et subirent cette influence italienne. Au quinzième siècle, Ghérardo et Attavante, de Florence, étonnent par une rare fécondité. En France, Jean Fouquet, le peintre de Louis XI, est célèbre ;

les Pays-Bas le sont bien plus ; l'Allemagne est dévorée par la guerre des hussites.

Au seizième siècle, don Giulio Clovio obtient une réputation européenne par la délicatesse de ses œuvres. Enfant de la Macédoine, c'est sous le ciel de l'Italie qu'il enfante ses merveilles ; Jules Romain lui prodigua des encouragements et des éloges. Et c'est encore dans un cloître que cet artiste inspiré dérobe son talent et sa gloire.

La miniature était une œuvre essentiellement religieuse, et le calme du cœur et la paix de la solitude convenaient à ces hommes de ce temps, passionnés dans leur amour et passionnés dans leur haine. Dans ce moyen âge, si sublimement appelé par l'historien français Michelet « un long soupir, » le grand caractère qui perce dans toutes les œuvres, c'est la foi ! la foi, qu'on retrouve au front des basiliques, dans les bouffonneries populaires et dans les pieuses et monastiques compositions des moines ! Alors chaque pierre a un symbole : dans le cintre et l'ogive, la prière, l'élancement de l'âme : dans la miniature, le soupir voilé qui s'achève, l'œuvre inconnue au monde, et qui renferme un trésor d'extases et de sublimes invocations. Qu'on raille du cloître, bon ! mais qui d'entre nous cependant n'a jamais reporté sa pensée au fond de la cellule solitaire, où l'homme, brisé par la vie de peine qu'il a menée, médite et prie? sur le jeune homme, sur la vierge cachant son parfum au monde et ne l'épanchant que devant Dieu, conservant son virginal trésor de larmes mystiques et d'amour? Qui n'a pas songé à ces longues heures de la nuit passées dans la prière et l'espérance, ne s'est pas enseveli un instant sous les sombres arceaux du monastère et demandé pardon dans le fond de l'âme à celui qui aima jusqu'à la mort? Qui ne s'est pas senti ému à ce retour des choses fragiles et au bonheur de ceux qui prient? Mensonges de la vie, évanouissez-vous ! la foi seule est la vie ; la vie est dans le long soupir de la prière et de l'amour !

Nous sommes à la fin du quinzième siècle. Les arts marchent avec une prodigieuse activité

et une merveilleuse intelligence. L'Italie raffole
de littérature, de science, de beaux-arts. On se
prend de passion pour la poésie, l'éloquence,
l'érudition. Il y a une tendance élevée, enthousiaste vers les lettres. Les savants, les prin-
ces emploient tous les moyens pour se procu-
rer les manuscrits perdus dans le couvent des
Hébrides. C'est une rage de savoir, de rénovation, et franchement ce spectacle est magnifique. Les esprits sont en fermentation : c'est
la terre qui germe sa luxueuse moisson.

Mais il y a aussi un germe de malheur, un
désordre social qui commence ; les vertus publiques s'évanouissent : c'est la ruine des mœurs
et la ruine de la liberté. Et il ne pouvait pas en
être autrement : ce progrès n'était point un développement national, c'était l'étude obstinée d'une
antiquité, d'une civilisation qui n'avait aucun
rapport avec le temps présent; c'était une adop-
tion aveugle de lois, de formules faites pour
une génération passée, pour une nation différente, pour des mœurs différentes. Faut-il abdiquer ainsi sa nationalité et son âge ? se traîner

servilement à la suite d'un peuple enseveli dans la tombe ? rejeter les impressions naturelles et vraies que tout homme porte en soi ? faire mépris de son individualité ? Non , je ne le crois pas. La pensée doit être libre, libre comme les quatre vents ! Qu'on cherche des vertus politiques dans tous ces érudits du quinzième siècle ; il n'y en a pas !

Et cependant plusieurs étaient à la tête des affaires ; leur éloquence se réduisit à rien. Ces hommes ne savaient penser que d'après les autres ; et cet empire de la parole, que nous trouvons à Athènes, ils ne l'avaient pas : la science n'était pas appliquée. Aussi , voyez : Cosme de Médicis n'est pas un savant, et néanmoins il gouverne les esprits par la force de sa pensée ; l'érudit Nicolas V avait passé sur la chaire de saint Pierre et avait rêvé le monument de Saint-Pierre du Vatican ; les Borgia arrivaient à la papauté.

L'Italie respirait. Sforce s'était établi dans le duché de Milan , et la branche bâtarde d'Aragon , dans le royaume de Naples. Mais , à la fin du siècle, les Français viennent changer par leur invasion la politique européenne.

L'imprimerie, rapide comme la foudre, propage les connaissances. Il y a un renouvellement de philosophie platonicienne; la poésie latine est cultivée avec soin : Alberti n'écrivait-il pas cette langue comme un Latin du siècle d'Auguste? Les arts, les lettres jettent un éclat surabondant; le grand homme, c'est l'érudit. Mais les vertus antiques, mais le désintéressement, mais la franchise ! évanouis avec la liberté !

Puis Mahomet II pousse ses conquêtes, et les principautés se courbent sous son joug imposé. Devant lui s'enfuient les Levantins, apportant, ceux-ci, des reliques des saints du christianisme; ceux-là, des manuscrits précieux de l'antiquité païenne, des monuments des arts ; et, poursuivis par l'esclavage et le glaive, ils viennent implorer une hospitalité payée par les connaissances qu'ils répandent.

Le cri jeté de croisades retentit dans l'Italie; mais la corruption avait déjà gagné les Osmanlis : ils s'arrêtèrent.

La vie des artistes n'est généralement pas environnée de dignité ; elle a toujours été un peu débraillée, vagabonde, aventureuse. Ainsi faite, qu'elle s'éparpille à tous les vents et à toutes les passions. Laborieuse et folâtre, insouciante et versatile, généreuse toujours, ce sont là, pour ainsi dire, des vertus de race qui passent dans la famille, qui sont susceptibles de nuances, mais qui ne s'éteignent pas. Au quinzième siècle, les choses ne sont pas différentes. Dans la première partie, la romanesque histoire du carmélite Filippo Lippi, fait prisonnier par les Barbaresques et rendu à la liberté pour avoir peint sur la muraille et de souvenir le portrait de son maître, prouve l'assertion. Ce fut une vie folle et orageuse que la sienne ; son talent fit oublier ses désordres, mais ils lui furent funestes : il mourut empoisonné. Dans la seconde moitié, celle du Florentin Ghirlandaj montre le peintre considéré encore comme un ouvrier, comme un manœuvre ; on paie cet homme, et l'on se croit quitte. Des scènes bouffonnes se mêlent parfois aux réclamations de ces hardis et grands auxiliaires de l'art ; leurs bras se font justice, quand la justice tarde pour eux.

Ghirlandaj travaillait avec son frère dans une abbaye des moines de Vallombreuse. La nourriture était mauvaise. Le frère du peintre réclama. L'abbé du monastère promit, mais rien ne changea. Le lendemain, même pitance. L'artiste entra alors dans une violente colère, et saisissant les lentilles apportées, il les lança au visage du pauvre servant. Tous les plats qui couvraient la table suivirent le même chemin : une longue miche de pain acheva la correction du pauvre moine, qui fut roué de coups et emporté à demi mort. L'abbé survint ; le frère de Ghirlandaj, encore tout palpitant de fureur, l'apostropha durement et lui dit « que son frère valait mieux que tous les malotrus du couvent. »

Le nom de Ghirlandaj était Corradi. Son père avait été surnommé *Ghirlandaio* à cause d'une parure en forme de guirlande, dont il était l'inventeur, et qui plaisait beaucoup aux jeunes Florentines. Ce nom populaire passa au fils, dont

la délicatesse et la gracieuseté du pinceau émer-
veillèrent surtout dans ses doux visages de madone.

En 1492, un grand fait avait rempli les peuples d'admiration : la pensée d'un homme avait
deviné un nouveau monde et l'avait trouvé ;
Colomb avait jeté « comme des joyaux de femme »
les trésors d'une terre vierge encore aux pieds
d'Isabelle. Les nations s'étaient levées et avaient
battu des mains devant ce résultat sublime du
génie ; et cependant, moins grand, mais plus
heureux que le pauvre Génois, le voyageur Améric
Vespuce baptisait de son nom ce nouveau con-
tinent. Corradi peignit dans une chapelle de la
famille le portrait du navigateur célèbre ; mais
il n'avait pas encore vu la nouvelle terre.

Ce fut surtout dans la mosaïque que le Ghirlandaj assura sa réputation. De tous ceux qui
travaillèrent à la chapelle Sixtine, que fit connaître au monde la terrible épopée de Michel-
Ange, Ghirlandaj est le plus illustre. Dans ses
compositions, il a saisi la double vie de l'âme
et du corps : son histoire de la Vierge et celle

du Précurseur sont surtout admirées et sont les témoignages de son rare talent. L'homme vit avec toutes ses sympathies sous son pinceau : Ghirlandaj surprenait la nature et la révélait. Enfin, si cela ne suffisait pas pour sa gloire, il nous a donné Michel-Ange.

Il mourait en 1495, et en ce moment s'en retournait de l'Italie le versatile et imprudent Charles VIII, dont les soldats avaient pillé, sans pudeur, les trésors d'antiquités recueillis par Cosme et Laurent de Médicis. Pauvre Italie ! elle respirait alors le dernier souffle de sa liberté ! Alexandre VI introduisait l'abomination dans le sanctuaire, suscitait Machiavel, et l'étranger poussait ses armées sur son sol profané. Le précurseur de Luther, Jérôme Savonarole, le réformateur hardi et enthousiaste, naissait au milieu du quinzième siècle (1452), et ensevelissait à vingt-trois ans, dans le cloître des dominicains de Bologne, sa fébrile et laborieuse jeunesse.

D'abord érudit professeur, il paraît en 1489 sur la scène du monde religieux et politique.

étonne dans ses prédications populaires par une voix forte et harmonieuse, une déclamation noble et imposante. La nature lui avait refusé ces avantages : il les conquit par le travail et la volonté. Sa vie est un drame ; il fut l'apôtre et le martyr de sa réforme. Dans la religion, c'était la discipline qu'il attaquait, non le dogme ; dans la politique, c'était la liberté qu'il voulait rendre à l'Italie. Il la redemanda à Laurent, sur le point de mourir ; plus fortement à Pierre, son fils, et ne l'obtint pas.

Cependant, la fermentation se faisait dans Florence aux paroles de ce moine prophétique ; il signalait la France comme la libératrice de l'Italie, et chassait par son éloquence entraînante la corruption de l'Église. Les citoyens de Florence devenaient plus modestes dans leurs habits ; les femmes renonçaient à leur parure ; les artistes brûlaient sur les places publiques les dessins immoraux que renfermaient leurs cartons.

En 1497 et 98, au temps du carnaval, un nombre infini d'enfants, à son instigation, se répandirent dans Florence et parcoururent la ville en demandant de maison en maison qu'on leur remît tous les livres obscènes, toutes les peintures indécentes, toutes les cartes et les dés à jouer, tous les luths, les harpes et les instruments de musique, tous les faux cheveux, le musc, les parfums et les cosmétiques des femmes. Les enfants demandèrent toutes ces choses sous le nom d'anathème ; ils les portèrent sur la place publique, et ils en firent un immense auto-da-fé en chantant des psaumes et des hymnes religieux, au lieu de rondes amoureuses que les hommes et les femmes avaient coutume de former.

Bien des exemplaires de Boccace et des peintures rares des meilleurs maîtres furent consumés.

Mais le Borgia (Alexandre VI) suscita des ennemis à l'enthousiaste Savonarole ; les Florentins abandonnèrent celui qu'ils avaient suivi. On l'exposa à la torture, et, le **23** mai 1498, on brûlait sur le bûcher le moine Savonarole, et le bourreau jetait dans l'Arno les cendres du martyr.

Ainsi, c'était au milieu de ces agitations douloureuses, au milieu de l'invasion étrangère et
du fanatisme, que l'art marchait à son apogée.
Ces événements ont beaucoup influé sur les tendances artistiques. Plusieurs des peintres de cette
époque avaient embrassé avec ardeur les croyances de Jérôme Savonarole ; la génération se
trouva tourmentée, remuée, parce que ces
hommes étaient ardents, passionnés et fanati-
ques ; leurs âmes mystiques et inquiètes sym-
pathisaient avec ces hardies réformations, mais
par cela même ils entravaient la marche de
l'art.

Un monde nouveau germe. Ici, on proclame
la foi et l'obéissance ; là, on revendique la liberté humaine.

On pressent l'arrivée de Luther.

Le peintre Barthélemy et tous ceux que l'on
appelait *les pleureurs* avaient, dans l'immense et
volontaire incendie, brûlé les images lascives qui
troublaient le repos de leur conscience ; et,
pour suivre le réformateur, ils s'arrachaient ainsi
aux plaisirs. à la lutte, au triomphe. Certes,

il fallait que l'influence de Savonarole fût grande
et grande aussi la religion de cette bouillon-
nante jeunesse florentine. Barthélemy n'avait
point résisté à l'entraînement général ; il alla
plus loin. Ame pieuse mais pusillanime, il fut
effrayé de ces démonstrations furibondes du
peuple, s'emparant au couvent de Saint-Marc de
Jérôme Savonarole. Il s'était mêlé à ses dé-
fenseurs, mais il craignit pour sa vie, et fit
vœu d'entrer au monastère s'il parvenait à s'é-
chapper.

Il tint parole. Deux ans après, il se revê-
tissait de la bure blanche de saint Dominique
et jurait de ne plus se livrer à la peinture ;
des sollicitations pressantes lui faisaient reprendre le pinceau, et il peignait « un admirable
ouvrage, une œuvre d'amour : » sa Visitation de
la Vierge à saint Bernard.

A travers les murailles du monastère lui venaient cependant des bruits du monde ; le moine
austère songeait à la gloire qu'il avait abandonnée et dédaignée pour les joies de la prière
et la béatitude de la retraite. On parlait dans

le couvent d'un jeune homme d'Urbin, qui commençait à se faire connaître et qu'on appelait le Sanzio; d'un autre jeune artiste sorti de l'atelier du Ghirlandaj, le Buonarroti, que Laurent de Médicis avait protégé, et il lui tardait de se mesurer avec ces jeunes et redoutables rivaux de la peinture.

Il part pour Rome.

Effrayé du prodigieux talent de ces deux hommes, il abandonna au premier les travaux qu'on lui avait confiés, et s'en revint vite à Florence, mais découragé et prenant en défiance ses plus poétiques inspirations. Enfant d'une époque puissante et vierge, Barthélemy conserva sa personnalité; il eut quelque chose du génie de Raphaël, et on affirme que l'on confondit quelquefois leurs œuvres. L'ascétisme monacal domine dans ses compositions, dont la principale est celle de saint Marc.

« Michel-Ange, dit Jeanron, dans ses plus grands ouvrages et dans ses plus grands résultats, ne dépassa pas cette terrible et gigantesque figure de saint Marc. »

Barthélemy fut un des plus beaux génies de son époque.

Il meurt en 1517.

CHAPITRE IX.

Il y a de temps en temps de rares amitiés qui viennent réjouir et consoler le cœur; purs rayons qui descendent du ciel pour se reposer dans des âmes généreuses et sympathiques. Tantôt elles sont inspirées par la fraternité religieuse, tantôt par la fraternité du talent, de la misère quelquefois, et ce sont les plus chaudes, les plus palpitantes, les moins périssables. Depuis que la société s'est matérialisée, que l'intérêt a remplacé le premier sentiment. la vierge et chaste impulsion de la nature.

que le Christ enseignait aux hommes avec un accent de douceur ineffable : « Aimez-vous les uns les autres comme je vous ai aimés, » on fait profession de ne plus croire à l'amitié. Malheureux! qui repousse la consolation de la vie; qui, mesurant toutes choses avec des mesures de la terre et jamais avec des mesures du ciel, ne veut pas croire qu'une main amie puisse le soulager de son fardeau durant la route! Il est deux cultes que l'homme ne doit jamais mépriser : le culte hospitalier de la famille, le culte consolateur de l'amitié.

L'ami, c'est le pilote dans les orages; la famille, c'est le port après la tempête. Qu'on me trouve deux noms plus doux, plus consolants sur la terre que ceux de sœur et d'ami ! Prononcez-les près du malheureux, près du mourant, et il ressuscitera comme l'herbe fanée sous le vent et la rosée du ciel. Si le souffle suprême ne s'est pas encore détaché, il rouvrira les yeux, et, le sourire aux lèvres, il tendra les bras à l'ange de la mort.

C'est que l'amitié, c'est l'espérance, et l'espérance ne nous abandonne pas, mais retourne se confondre avec nous dans le sein de Dieu.

C'est que ce nom est une bénédiction ; c'est qu'il est doux comme celui d'une mère, comme celui d'un ange et ravissant comme l'arc-en-ciel après les tourmentes et les angoisses ; comme une fraîche oasis où, pauvres voyageurs du désert aride, nous nous reposons.

Eh bien ! dans ces temps âpres et forts de Florence, où les rivalités, les jalousies furieuses ne dormaient pas ; où les bûchers s'allumaient au vent des haines religieuses, il y eut d'ardentes sympathies, de fidèles et fécondes amitiés : le tendre Raphaël aima le fougueux Jules Romain, et Mariotto Albertinelli, le gai et insouciant artiste, ne put se passer du pieux et mélancolique Barthélemy. Jamais les rivalités d'école ou leur foi religieuse différente n'altérèrent la pureté sereine de leur amitié ; comme ils avaient confondu leur amour, ils confondirent leur talent : les plus habiles ne pouvaient distinguer leurs œuvres. Quand, à la voix de Savonarole et de sa conscience, Barthélemy s'enferma dans le cloître, l'amitié ne fut même pas rompue : lui, qui s'exilait du monde, léguait à son ami un ouvrage à terminer, car il avait juré de ne plus s'occuper de peinture, et le Mariotto relevait en pleurant le pinceau de l'ami disparu, pour achever un tableau du Jugement dernier, comme le fera Jules Romain pour terminer l'immortelle Transfiguration du Christ.

Autant la vie de Barthélemy fut dévote et régulière, autant fut flottante et déconsidérée celle de Mariotto. La critique lui fit abandonner la peinture; il devint aubergiste, et un instant se félicita du changement.

« Quel bonheur, disait-il, je ne rencontre plus ici ni muscles, ni raccourcis, ni perspective; mon nouvel art crée la chair et le sang; mon premier les imitait seulement. Avec mon bon vin, je m'entends louer tous les jours et je ne recueille plus de blâme. »

Il se ravisa bientôt, détacha son enseigne et revint à ses pinceaux.

Cet homme avait le sentiment du beau et la conscience du bien, mais n'en avait pas le courage. Ses contemporains l'aimaient; la mère de Laurent le protégea; mais une passion brutale malmena sa vie, et il mourut en 1515 d'excès qui n'étaient plus permis à son âge.

Le quinzième siècle tout à l'heure sera dans le domaine du passé ; jetons un dernier regard sur les hommes de l'art qui l'ont illustré ; parlons de la génération artistique qui disparaît avec lui. Plusieurs de ces hommes conduisent leur vie jusque dans le seizième siècle, mais ils ne lui appartiennent pas par le caractère ; leurs œuvres sont contemporaines de celles dont nous avons déjà parlé. On le comprend, la période de la pensée ne peut achever sa révolution avec la révolution d'un âge ; l'idée s'altère, se modifie, se transforme. Mais à quelle heure, à quel jour la transformation s'est-elle opérée ? Nous ne le savons pas. La jeunesse, la vieillesse ne se font pas tout d'un coup.

Contemporain de Laurent de Médicis, le Florentin Andrea Verrocchio soutint la statuaire au rang qu'elle avait conquis dans l'atelier du Ghiberti. Le pape Sixte employa et encouragea son talent. La conscience de sa force surmonta sa timidité malheureuse et naturelle, et sa réputation fut grande et méritée. Néanmoins, cet homme était incertain de sa voie ; il eût pu être fort, s'attachant à une spécialité ; mais son humeur versatile l'emportait constamment à de nouvelles études, et sa sève s'évanouissait dans un travail nouveau.

Orfèvre, perspectiviste, sculpteur, graveur, peintre, musicien, il est bien encore une image de cette mobile volonté de l'époque, qui voulait tout embrasser et qui n'avait point d'équilibre.

Facile à l'espérance et facile à la colère, le découragement le frappait aussi vite ; il n'y avait pas de nerf dans ce statuaire ; son travail avait l'énergie, mais point la volonté.

Chargé par les moines de Vallombreuse de peindre le Baptème du Christ, il avait emmené avec lui un de ses élèves, et, selon la coutume des peintres qui s'en faisaient aider, il lui avait donné à faire sur sa propre toile un ange qui dominait la scène mystérieuse. Mais cet enfant, cet élève, était Léonard, et l'ange fut si beau, si éblouissant à côté des autres figures, que le

Verrocchio, surpassé par un enfant et désolé, jeta ses pinceaux et jamais ne voulut plus les reprendre.

Il revint à la statuaire.

La soupçonneuse Venise, qui savait récompenser ses généraux et les punir, voulut, à cette époque de féodalité, de morcellement territorial et de grands coups d'épée, élever au capitaine Bartolommeo, de Bergame, qui souvent avait amené la victoire sous les drapeaux vénitiens, une statue équestre en bronze. Andrea fut appelé à Venise et chargé de couler la statue. Un second artiste intrigua et obtint de faire la figure du capitaine triomphateur. Le Verrocchio, blessé justement dans son amour-propre, et d'ailleurs naturellement irascible, brisa d'un coup de marteau le modèle qu'il avait terminé, et, sans donner avis de son refus, il partit pour Florence. La seigneurie vénitienne se crut offensée. Grande rumeur contre l'artiste : il ne s'agissait de rien moins que de lui détacher la tête des épaules. Heureusement sa fuite le mettait à l'abri, et sa présence d'esprit lui réconcilia les Vénitiens. Comme on lui avait défendu, sous peine de mort, de reparaître sur le territoire :

« Je m'en garderai bien, avait-il répondu ; je sais qu'il n'est pas au pouvoir de la seigneurie de rattacher sur les épaules d'un homme la tête tombée : mais, moi, je puis rendre à mon cheval une plus belle tête que celle que j'ai brisée. »

On le rappela, on doubla ses appointements. Ce rappel lui fut funeste. Hâté de finir, il s'échauffa à la fonte, se refroidit et mourut, laissant son œuvre inachevée. Mais restaient ses élèves, le Pérugin et Léonard de Vinci.

Peut-être on ne songe pas assez au besoin qu'éprouve le jeune homme d'une louange. Ce n'est point la raison qui domine dans la jeunesse, ni l'expérience, ni la foi ; c'est le sentiment ; le sentiment fait tout faire au jeune homme : c'est la règle et la balance de ses œuvres. Qu'on s'adresse à son cœur ! c'est là que reposent les brillantes espérances, les dévouements généreux. Le jeune homme aime le bien

et le beau, mais il ne les connaît pas toujours.
Poussez-le vers la voie lumineuse et laissez tomber dans son âme la rosée de la louange, et le
bien sera fait.

Andrea Mantegna (1448-1517) fut assez heureux pour rencontrer sur la route cet homme
que la vocation a chargé d'instruire et d'encourager. De pâtre il devint un grand peintre, et,
à son tour, il enseigna et encouragea les autres. Le maître Squarcione le recueillit dans sa
maison et l'adopta comme son fils. Plein d'une
reconnaissance intelligente, le Mantègne se livra avec zèle au travail, et, éloigné de Florence et de Rome, il s'essayait à surprendre
sur les plâtres moulés d'après l'antique les secrets des anciens maîtres. Tout jeune homme,
il paraissait déjà vieilli sous le harnais ; son
précoce talent et les espérances qu'il faisait
concevoir le firent entrer dans la famille du
Vénitien Jacopo Bellini, dont nous avons parlé.
Mais Bellini était l'adversaire du maître padouan,
et jamais ce dernier ne pardonna à Andrea d'être
entré dans la maison de son ennemi. Ses critiques

amères blessèrent vivement le cœur du Mantègne, mais il en profita. On lui reprochait de n'avoir étudié que la nature morte ; il étudia la nature vivante, et, combinant l'idéalité des anciens avec la belle et souple réalité de la nature, il obtint des succès nouveaux.

La plupart des peintures du Mantègne sont perdues ; son Triomphe de César, qu'il fit dans une des salles du marquis Louis de Gonzague, « est son chef-d'œuvre, dit Vasari. On y admire sa richesse d'imagination, le naturel et la grâce des poses. »

Le marquis l'affectionna et lui conféra le titre de chevalier.

A sa recommandation, Innocent VIII le fit travailler au belvédère que l'on venait d'achever. Mais il paraît que l'indolent Innocent VIII oubliait de donner à l'artiste l'argent nécessaire. Mantègne peignit au milieu de quelques vertus la Discrétion.

« Quelle est cette vertu ? demanda le saint-père en passant.

— La Discrétion.

— Eh bien ! aie soin de la mettre à côté de la Prudence. »

L'œuvre achevée, l'artiste n'eut cependant qu'à se louer de la générosité papale.

L'Arioste chanta la gloire de Mantègne. Ce pâtre de la Lombardie était le fondateur de la primitive école mantouane.

Le carmélite Filippo Lippi, Florentin, dont nous avons vu la vie si aventureuse, si folle, si artistique, avait eu un fils de sa belle couventine (1460) et lui avait laissé comme un paternel héritage son talent et son amour pour les arts. Le jeune homme n'enfouit pas son trésor ; il voulut rendre plus illustre le nom que lui avait laissé son père, et se lança dans la carrière des arts.

L'érudition avait envahi la littérature à cette époque ; nous la retrouvons dans les ouvrages de ce peintre. Les ornements qu'il y introduit sont un fouillis d'érudition mal digérée, mais prétentieuse.

« Jamais il ne fit un tableau sans y introduire des antiquités romaines, telles que des

vases, des trophées, des étendards, des cimiers.
des armures, des sabres, des épées, des toges,
des manteaux. »

Son imagination était originale et féconde ; il
varia les costumes, drapa les figures à l'antique, remit en honneur les grotesques et se joua
merveilleusement dans les mille caprices d'une
libre invention.

Les grotesques ou les arabesques sont des fruits
de l'imagination ; ce sont des créations fantastiques. délirantes, dont on chercherait vainement les originaux dans la nature ; ce sont des
ornements. de poétiques caprices dont le peintre
encadre ses compositions. On croit que ces deux
mots ont des origines différentes : n'ayant pas
le droit de représenter l'image d'aucun être
animé, les Arabes auraient inventé ce genre,
où ils n'auraient représenté que des fleurs, des
plantes. des enroulements ; mais les grotesques
signifieraient les imitations que l'on a faites des
animaux à formes imaginaires. que l'on a trou-
vés au quinzième siècle dans des constructions
souterraines. que les Italiens appellent *grottes*.

Ce genre a pour principe l'amour du merveilleux, cet impérieux besoin de notre nature
à sortir de la sphère humaine et à se lancer
dans les féeries de l'imagination ; ce besoin est
universel ; il est né avec l'homme comme la
poésie, comme la pensée ; mais il se développe
avec plus de puissance chez un peuple dont les
éléments de civilisation sont hétérogènes et de
résultats différents.

Rome adopta naturellement ce genre.

Est-ce bien néanmoins de rejeter la vérité et
d'enfanter des monstres ? de réunir des choses
ou des êtres inconciliables par leur nature ?
d'outrager la raison et le bon sens ? Non, sans
doute, s'il s'agissait de sérieuse étude. Mais les
arabesques ne sont que des ornements et des
jeux variés de l'intelligence, qui se repose et qui
veut plaire : ils n'offensent pas la raison, mais
délassent l'esprit.

Raphaël allégorisa ce genre.

Dante vient d'être commenté, et les luttes religieuses commencent. Les croisades, l'étude de
l'antiquité, les manuscrits répandus, les Grecs

chassés devant le glaive du fils d'Aramath II , l'I-
talie changée en un vaste atelier d'éditions, d'anno-
tations érudites , tout cela a changé la face des
choses en Italie ; la vieille dépouille tombe ; le
monde européen est dans l'agitation ; tous les
royaumes n'ont pas conquis leur unité, ni trouvé
leur équilibre , ni assuré leur position du lendemain , et l'Église, ébranlée , « se réveille pour
combattre. »

La raison proclame sa liberté.

Mais dans l'Italie, ce pays de foi vivace, l'art
ne devait pas sitôt servir l'émancipation humaine. Les ouvrages de Filippo subissent encore
la domination religieuse : c'est l'Apparition de
la Vierge et des Anges à saint Bernard ; c'est
la Foi arrêtant l'Infidélité et l'Hérésie ; c'est
l'Espérance terrassant le Désespoir ; c'est saint
Thomas prêchant les hérétiques , et , vaincue,
à ses pieds , la Philosophie , dans la personne
d'Arius , d'Averroès et de Sabellius ; c'est la miraculeuse légende du Crucifix parlant à Thomas :
« *Bene scripsisti de me, Thoma.* »

La grande pensée du Dante même surnage

encore : un sculpteur de l'époque, le Raggio,
sculpte dans une conque l'*Enfer* du Dante.

Filippo, nourri d'une forte sève religieuse et
conservant par sa mère un souvenir du cloître,
où il avait été formé dans une étreinte d'amour,
va chercher dans l'Évangile et les légendes ses
inspirations et ses chefs-d'œuvre : c'est la Dru-
siana revenant à la vie au signe de croix de
Jean l'Évangéliste ; c'est le martyre de saint Jean,
condamné à périr dans l'eau bouillante, et la
rage et le fanatisme du bourreau, c'est-à-dire le
dernier effort du paganisme qui s'écroule et l'a-
vènement du christianisme peint dans la paix
angélique et la céleste espérance de la victime
torturée.

Cependant le vieux Laurent de Médicis avait
demandé à Spolète le corps du peintre Filippo,
et il lui avait été refusé.

Son fils partit à sa prière ; il éleva, d'après
ses dessins, un mausolée de marbre en l'honneur de son père, et les deniers du prince payè-
rent le monument.

En ce moment était le règne de l'astrologie

judiciaire ; les personnages les plus graves croyaient que quelques hommes étaient doués du privilége de lire dans l'avenir : le démagogique Porcari attribuait des élans prophétiques à Pétrarque ; le positif Machiavel ne repoussait pas cette croyance ; les constellations avaient une influence selon l'opinion du peuple, et elles précipitaient les péripéties des événements ou les conjuraient.

Dans un de ses tableaux, Filippo a énoncé cette superstition populaire : dans une Adoration des Mages, il représenta un astrologue armé d'un cadran ; puis, à côté, des Maures, des Indiens et des costumes bizarrement arrangés.

Cette science, étrange, mystérieuse, ne paraissait pas bien légitime, et on ne l'envisageait pas sans un peu de terreur.

Filippo était d'un caractère joyeux, d'une affable modestie et toujours disposé à faire plaisir. Nous le retrouvons souvent au milieu des ingénieuses inventions carnavalesques de Florence et servant de son talent la joie folle de ses compatriotes.

Lors de son inhumation (1505), toutes les rues qui conduisaient à sa dernière demeure s'abstinrent des affaires ; toutes les boutiques se fermèrent ; un peuple nombreux le suivit. Populaire hommage rendu au souvenir du génie et qui ne ment jamais.

CHAPITRE X

Dans la dernière moitié du quinzième siècle,
s'illustra aussi à Bologne le fondateur de l'école
bolonaise , Francesco Francia. Ce fut une vie
douce et travailleuse que la sienne. Issu d'une
famille d'artisans pauvres mais simples (1450) ,
ce fut dans la boutique d'un orfèvre qu'il s'i-
nitia aux secrets de l'art. « Son esprit était vif
et sa tournure belle, » dit Vasari. Sa conversation avait le charme et la persuasion ; son âme
sereine ramenait la sérénité dans les autres ;

sa présence même, comme celle d'un enfant, déridait les fronts assombris et rendait le sourire aux lèvres de celui qui souffrait. Aimable privilége dont la nature l'avait doté, et qui éloigna de devant lui la haine qui attaque et la jalousie qui flétrit. Ceux qui le connurent l'aimèrent ; la noblesse même, encore si entêtée de ses titres, de ses rangs et dignités ; si arrogante et hautaine à rappeler sa noble souche et à faire sentir son insolente supériorité, ne dédaigna pas de tendre la main au jeune artiste et de la lui serrer avec fraternité.

Jeune, il renfermait avec une facilité merveilleuse, dans un espace de deux doigts carrés, vingt figurines adorablement belles et proportionnées. Les médailles qu'il grava sont d'une fermeté de contour, d'une netteté de ligne que l'on ne saurait trop admirer. Celles de Jules II et des Bentivogli sont précieuses : aussi dirigea-t-il la monnaie sous les Bentivogli et même sous Jules II.

Il ne manquait point non plus de savoir-faire ;

ses attentions et ses procédés lui doublèrent souvent le prix de son travail.

Aiguillonné par l'exemple des autres artistes, dont les ouvrages leur avaient procuré « honneur et profit, » le Francia voulut aborder la peinture, puis la fresque, et telle fut sa réussite et l'estime que l'on faisait de ses compositions, que ses compatriotes le regardaient comme une divinité. Mais la divinité devait pâlir et s'éclipser devant une divinité plus étincelante, devant un soleil plus oriental, plus éblouissant.

Un enfant était sorti de l'atelier du Pérugin, s'était enfui jusqu'à Rome et déjà s'était emparé de la royauté de la peinture.

Or, la réputation de l'enfant d'Urbin se faisait forte à Bologne. Ceux qui venaient de Rome avaient d'abord son nom sur les lèvres et le vantaient au Francia. Le vieux peintre avait cru, sur la parole et la foi de ses compatriotes, à la réalité de sa suprématie; il s'endormait, le soir, avec plaisir, en songeant à son triomphe conquis, et se berçait dans les douces illusions de sa gloire.

Mais toute gloire est relative.

Il éprouvait un ardent désir de voir les œu-vres du jeune Sanzio; mais son âge avancé ne lui permettait pas de faire le voyage de Rome, et il désespérait de voir son vœu accompli.

Le jeune peintre vint au-devant de lui.

Il venait de terminer un tableau de sainte Cécile pour un cardinal de Bologne. Il l'enferma soigneusement et l'envoya au vieux Francia, le priant de le placer lui-même sur l'autel qu'on lui avait destiné.

« Corrigez les avaries qu'il aura souffertes et les défauts que vous y remarquerez, » lui di-sait humblement le jeune homme.

Le cœur tout palpitant, le Francia ouvrit la caisse.

Mais, à la vue du chef-d'œuvre, toutes ses illusions s'évanouirent. Pauvre vieillard ! il était surpassé. Il n'était qu'un artiste bien ordinaire près de ce grand génie que Rome heureuse possédait.

Il mourut de douleur.

Il conduisit jusqu'à l'autel cette image vivante

et miraculeuse ; mais c'était à son convoi qu'il assistait ; lui-même assistait à ses funérailles : lorsqu'il fut rentré, il se coucha et ne se releva plus (1535).

Au temps du Francia, la force rétroactive n'est pas encore morte ; lui se range résolûment sous les drapeaux du progrès ; il cherche dans le présent et dans l'avenir les éléments de son inspiration, non dans le passé. Esprit aventureux et hardi, il abandonne les voies frayées, et, grâce à lui, Bologne devient un nouveau et brillant centre des arts.

Le maître du Sanzio, le Pérugin, fut un enfant du peuple. Il sortit de la plus chétive condition ; et si son père, pauvre journalier de Pérouse, eut joie à sa nativité (1446-1524), personne ne s'en inquiéta. On le présenta sur les fonts du baptême et on lui donna le nom de Pierre ; puis il fut élevé entre la misère et la souffrance. Mais il y avait dans la jeune tige une sève généreuse ; elle devait croître même sans terre préparée et sans eau nourricière et rafraîchissante. Comme l'enfant du pauvre, le

Pérugin passa ses premières années plus souvent sous la voûte du ciel, sous le soleil chaud, que sous le toit de sa maison, expérimentant déjà la vie et n'en goûtant pas la partie la moins amère.

Qu'importe ! les âmes palpiteront tout de même devant ses œuvres, et un spectacle consolateur serait perdu pour le monde si le talent naissait toujours sous les draperies soyeuses des palais. A voir le génie faible et nu se débattant dans l'humiliation et le besoin, déchirant lambeau par lambeau les haillons vils qui le couvrent, pour revêtir la pourpre éblouissante du triomphe et de la royauté, ne semble-t-il pas que l'on contemple cette vigoureuse et gigantesque figure de Milton, où, quand est formé le lion, il essaie à secouer son corps, qui ne peut pas encore se détacher de la fange, qui est son berceau, mais où, libre tout à coup, il s'échappe et bondit dans le désert !

Le Pérugin fut mis en apprentissage ; son maître était obscur et pauvre, mais plein d'activité et d'ambition ; sans cesse il vantait Florence

et les artistes qui s'y formaient ; l'enfant prê-
tait une oreille avide et conservait pour l'avenir
ce trésor de brûlantes paroles. Arrivait-il un
étranger dans sa petite ville de province, sans
honte, sans détour il l'interrogeait et cherchait
dans sa pensée l'endroit où il irait.

« A Florence ! à Florence ! lui répétait son
maître ; c'est là qu'il faut aller. La critique y
repousse impitoyablement la médiocrité ; pas un
défaut ne lui échappe, pas un artiste ne peut
l'éviter ; il faut s'y tenir perpétuellement en
haleine, y être adroit, expéditif et y avoir la
science du gain.

« A Florence, une soif inextinguible de gloire
qu'y engendre l'air du pays vous dévore. Non-
seulement on ne veut pas rester en arrière,
mais encore on se refuse à marcher sur la trace
des autres ; l'ambition devient si forte, que si
l'on n'est pas doué d'une douceur et d'une sagesse surhumaines, on en vient à maudire ses
propres maîtres et à payer leurs bienfaits d'ingra-
titude ; et puis quand on a appris tout ce qu'on
peut apprendre, pour peu qu'on ne consente

pas à vivre comme les animaux, pour peu qu'on désire devenir riche, il faut s'éloigner et aller exploiter au loin son talent et la réputation de cette ville, car Florence en agit avec ses artistes comme le temps avec les choses qu'il fait et qu'il use ensuite peu à peu. »

Il y a dans ces paroles toute la vie du Pérugin; un jour, de l'atelier du pauvre peintre de Pérouse il passa dans celui du Verrocchio.

Il eut de la peine à vivre d'abord.

Il fallait se faire connaître à Florence, et on ne pouvait croire au talent du jeune homme sur la foi de sa parole.

On dit que pendant plusieurs mois il n'eut pas d'autre lit qu'un coffre, lequel, durant le jour, redevenait le gardien sévère de sa maigre valise, de ses pinceaux et de quelques nippes, qui depuis longtemps avaient cessé d'être neuves. La misère lui fit faire des efforts inouïs : le travail dérobait son sommeil, l'espérance soutenait son courage, et l'art le consolait dans sa faim, dans sa fatigue, dans sa pauvreté.

« Le beau temps doit nécessairement venir

après le mauvais , disait-il , et il faut se bâtir une maison pour se mettre à l'abri des rigueurs de l'hiver. »

Encore quelques années, et le jeune peintre jouit d'une large réputation ; en Italie et à l'étranger, on recherchait avidement ses ouvrages ; les marchands spéculaient sur ses peintures , qui plusieurs fois furent vendues et revendues coup sur coup ; ses têtes de vieillard avaient une rare et mâle beauté. Néanmoins, le peintre avait ses moments d'inspiration et de verve ; la flamme s'éteignait parfois et ne se rallumait pas toujours à sa volonté. On offrait devant lui le double, le triple d'un tableau vendu qu'il venait d'achever :

« D'accord , si le Pérugin veut nous en rendre une copie.

— Je ne pourrai en produire un second aussi complet. »

Le marché fut rompu.

Les monastères occupent beaucoup les peintres pendant ces différentes révolutions de l'art ; mais les prieurs alors ne sont pas les plus ardents mécènes du talent ; souvent même ils

tardent à payer le salaire du pauvre artiste,
qu'ils considèrent assez injurieusement comme un
homme sans importance, un manœuvre, et
comme un insolent s'il demande un argent dû
et qu'on ne lui paie pas.

Leur défiance se tient en éveil devant lui, et
on ne laisse pas toujours ouverts à sa loyauté
tous les meubles des appartements où il travaille.

Pierre le sut bien.

Il travaillait dans un couvent dont l'abbé savait composer avec habileté un bleu d'outremer,
que les peintres recherchaient beaucoup à cette
époque, et qui donnait aux fresques une poétique couleur. L'abbé était très-avare de son bleu
d'outremer; il le portait dans un petit sachet
suspendu à son cou, exigeait que le peintre s'en
servît devant lui et le couvait des yeux. Le Pérugin fut blessé.

« Je lui donnerai une leçon. je lui donnerai
une leçon, » murmura-t-il.

Et le pinceau chargé de bleu d'outremer, il
le trempait dans un godet rempli d'eau, et le

pinceau se déchargeait aussitôt. Il ne l'avait passé que deux fois sur la muraille, et le prieur, en soupirant, s'écriait :

« Oh ! quelle quantité d'outremer cette chaux devore !

— Vous le voyez, je ne puis qu'y faire. »

Son travail terminé, le Pérugin recueillit tout le bleu d'outremer qui remplissait le godet, et le rendant à l'abbé :

« Mon père, ceci vous appartient ; apprenez à vous fier aux hommes de bien, qui se conduisent toujours loyalement avec celui qui a foi en leur probité. Sachez que, s'ils le voulaient, il leur serait extrêmement facile de tromper les gens soupçonneux de votre sorte. »

Le Pérugin fut appelé à Rome et travailla à la chapelle Sixtine : il couvrit tout un pan de mur ; mais ses peintures furent effacées pour faire place à celles de Michel-Ange.

En 1500, Pierre reparut à Pérouse riche et renommé ; alors il fit pour sa ville une multitude de tableaux qui excitèrent l'admiration de ses compatriotes. Sur les parois de la salle del

Cambio, désireux, sans doute, aussi de faire connaître son érudition et de ne point paraître barbare au milieu de cette frénésie d'études antiques qui convulsionnait ses contemporains, il représenta dans un savant fouillis et s'inquiétant fort peu si ses personnages s'harmonisaient ou non : Fabius, Socrate, Numa, Camille, Pythagore, Trajan, Léonidas, Périclès (et pour qu'on ne se trompe pas, son naïf biographe ajoute : Léonidas, de Sparte, et Périclès, d'Athènes), le borgne Horatius Coclès, le désintéressé Cincinnatus; puis, dans un genre différent : Isaïe, Moïse, Daniel, David, Jérémie, Salomon, et, à côté, les sibylles d'Érythrée, de Lybie, de Tibur, de Delphes.

Ici, le Pérugin est arrivé au culmen de sa force ; désormais il décroît. La critique, qui battait des mains à l'apparition de chacune de ses compositions, le harcèle maintenant : la source de son invention a tari ; puis il s'est engagé dans une malheureuse querelle contre le nouveau géant qui vient de naître et qui étonne déjà l'Italie ; poussé par l'envie, il se fourvoya et perdit de sa considération dans cette lutte inégale. Impatienté de ses invectives : « Vous n'êtes qu'une ganache, » lui dit un jour le Buonarroti.

Profondément humilié devant tous, Pierre eut encore le tort de demander raison de l'injure devant le tribunal.

On le congédia sans forme de procès.

La fortune avait amolli le peintre; il avait fait sa moisson, et il devait se reposer; l'homme n'a point deux jeunesses, et quand le soir est là, reposons-nous sur nos gerbes amoncelées. On reprochait surtout au Pérugin son avarice; on ne pouvait lui pardonner d'être devenu si riche et si ladre à la fois.

En effet, il était d'une lésinerie ignoble et d'une défiance telle, que jamais il ne se séparait de sa chère valise. Quelques braves lazzaroni connurent cette habitude, l'attendirent sur la route de Pérouse à Castello, le dépouillèrent et l'engagèrent à ne point se tourmenter de cette perte, lui si riche ! Le Pérugin ne suivit pas tout à fait le conseil, mais il faillit mourir de chagrin.

Le Pérugin fut un laborieux ouvrier, mais sa vie n'a ni élévation ni poésie : sa jeunesse avait été abandonnée et sans principes. Il n'avait vu que deux choses : la misère, son épouvantail, et l'argent, son idole; l'âme manquait à cette face humaine. Il n'avait point la foi, partant point de religion consolatrice, point de prière palpitante et douce, point d'espérance !

Bon nombre de ses compositions sont religieuses; mais n'y cherchez pas cette céleste mansuétude du croyant Angélico : le feu du ciel n'a pas brûlé son âme; il a eu l'inspiration du talent, mais non l'inspiration de l'amour et des divines consolations.

« Rien, dit Vasari, ne pouvait vaincre l'obstination de sa cervelle de marbre; toute son espérance reposait sur les biens de la fortune, et pour de l'argent il eût été capable de tout. »

Pourtant il donnait la main à Dante et à Buonarroti; mais, à côté, vivaient Machiavel et les Borgia.

Le Pérugin amassa, bâtit, acheta, se maria, et sa femme fut d'une beauté rare; il la parait lui-même, tant il était jaloux de sa toilette ! Était-ce sentiment d'artiste ou brutale passion ?

La physionomie de cet homme, si je puis en juger par le portrait que j'ai sous les yeux, était laide et repoussante ; ses lèvres sont épatées et pendantes ; des rides avachies sillonnent ses joues ; la brutalité et l'avarice paraissent tout d'abord sur cette figure ; mais il y a là aussi un œil méditatif et ferme, un front élevé et des lignes qui annoncent l'homme qui supporte et brave les privations.

Il y a là le maître de Raphaël.

A la fin du quinzième siècle, il y a principalement deux grands faits qui étonnent : c'est l'Italié savante, érudite, passionnée pour les arts ; puis l'Italie factieuse, belligérante, ravagée par les *condottieri* et envahie par les armées étrangères. Rome est perdue de corruption dans son pontife, et le brigandage, la perfidie, la férocité sont à l'ordre du jour ; tant les scènes de barbarie sont communes, que l'assassinat d'un homme mutilé, déchiqueté, coupé en lambeaux, n'étonne plus. Quand le duc de Candia fut jeté la nuit dans le Tibre, on interrogea un batelier qui gardait du bois sur la rive, et on lui demanda pourquoi, ayant été témoin d'un crime, il n'avait pas fait sur-le-champ sa déclaration :

« C'est une chose qui m'arrive si souvent, répondit-il, de voir jeter des corps dans le fleuve, que je n'y prends plus garde. »

Les Colonna et les Orsini, en poursuivant les luttes à mort de leur haine, ont affreusement désolé le territoire romain. Les vignes ont été arrachées, les oliviers brûlés, les pierres des villages démolies et dispersées ; la campagne, ruinée, ne diffère plus du désert que par un labeur fugitif ; le mauvais air des terrains incultes prend possession des champs abandonnés et engendre les fièvres maremmanes.

L'anarchie est complète.

En Europe, dans le monde plutôt, il se prépare une ère nouvelle. Avec le quinzième siècle, c'est véritablement un âge qui se termine ; un autre commence. Les régions orientales et occidentales sont rapprochées par une navigation

jusqu'à ce moment jugée impossible. Le cap des
Tempêtes est doublé ; l'Amérique est découverte ;
la chute du dernier des rois maures réjouit l'Espagne ; Grenade est prise ; les guerres civiles
s'éteignent ; la féodalité s'écroule ; vont venir
les guerres étrangères, lointaines , terribles, sanglantes. L'Espagne , la France , l'Allemagne ,
l'Angleterre vont se heurter sur le champ de
bataille. Nations différentes et voies différentes ;
la prière ne sera plus entendue , la pitié n'é-
branlera plus les âmes ; le monde est secoué :
ébranlement douloureux, violent, qu'un homme
de génie ne peut ni retarder ni hâter. Le volcan était comblé jusqu'au cratère ; il fallait qu'il
s'ouvrît dans un coup de tonnerre et qu'il dé-
chaînât sa lave brûlante.

La même année (1492), meurent Innocent VIII,
malgré cette injection de sang dans sa veine
froide et flétrie , cette vie nouvelle qu'il essaie
de voler à Dieu ; Laurent de Médicis , qui n'a
pas encore accompli sa quarante-quatrième année : lui qui engendra une lutte désastreuse
entre sa famille et sa patrie ; qui domina les arts.

les lettres, la philosophie par sa pensée ; qui fut le promoteur de la renaissance ; fait pour tout connaître, tout apprécier, tout sentir ; dont on admire le génie, dont on regrette l'égoïsme.

Maintenant l'organisation antique a disparu ; celle des temps modernes commence ; les nations, séparées, indépendantes les unes des autres, se mêlent, et, à travers les Alpes, passent dans la France la civilisation et la ferveur des Italiens pour l'érudition et les arts.

L'Italie perdait chaque jour son patriotisme, les liens sociaux se détachaient ; des germes de mécontentement étaient partout répandus : le quinzième siècle avait couvé un germe de changements, de malheurs et d'asservissement. Mais le mal disparaissait dans l'étincelant rayon de gloire qu'avaient fait jaillir Cosme et Laurent de Médicis ; l'enthousiasme pour les lettres était étrange ; dans le reste de l'Europe, la noblesse tirait vanité de son ignorance, se faisait un point d'honneur de ne savoir pas lire ; le chevalier déclarait insolemment qu'en sa qualité nobiliaire, « il ne savait pas signer. » En Italie se renouvelaient la philosophie platonicienne et la poésie. Le talent littéraire menait aux faveurs les plus insignes de l'Église, aux postes les plus importants de l'État. Des foyers de lumière rayonnaient dans toutes les provinces ; seul, le royaume de Naples ne jeta pas au dehors le mouvement intellectuel de sa capitale. L'industrie florissait sur tous les points ; les arts occupaient bien des têtes, mais plus de bras ; les carrières vidées, les monuments élevés attestent l'occupation et l'intelligence. Le commerce ne dérogeait pas à la noblesse : Laurent de Médicis était le premier banquier de Florence. Certes, la nation italienne se sentait pleine de force, d'espérance et de satisfaction pour ses triomphes passés.

Voilà l'Italie à l'arrivée des Français.

L'esprit machiavélique la bouleverse ; la poésie et l'art la couronnent ; la désunion et l'immoralité en font une proie. Il faut qu'elle soit régénérée par la conquête.

Le duché de Valence avait payé à César Borgia le divorce de Louis XII ; en 1499, il franchit les Alpes et fait une première conquête du Milanais.

Puis on s'amuse à des tournois. Le nom de Bayard immortalise ces grands coups de lance.

En 1504, l'empoisonneur Alexandre VI meurt empoisonné ; César Borgia expie dans une captivité en Espagne son fourbe système, et les Français sont forcés à repasser les Alpes.

Luther a vingt ans.

Ici donc faisons une halte. Nous posons le pied sur le seuil de la glorieuse époque de l'art italien. Nous avons cité beaucoup de noms ; nous en avons cité trop peu. C'est que ce travail n'est pas un travail de biographies. Nous avons recherché seulement la pensée ou religieuse ou populaire, sociale toujours, dans ces nobles ouvriers de la pensée. Nous n'avons voulu inspirer que l'amour de cette étude ; à d'autres, plus forts, plus expérimentés, plus érudits surtout, à se lancer dans ce grand et intéressant ouvrage ; que le pilote hardi cingle vers la haute mer ! moi, je ne m'éloigne pas du rivage. J'ai puisé dans cette étude beaucoup de joie : les exemples de courage, de résignation forte, de vocation brûlante que j'y ai rencontrés, m'ont fortifié et souvent m'ont fait battre le cœur. Si ceux qui me lisent ne ressentent pas de semblables émotions, c'est que j'ai mal exécuté ce que j'avais conçu.

J'aborde une grande époque ; mais je suis à peu près comme le voyageur arrivé au bas de la montagne, dont le sommet l'effraie, qui se repose et renoue sa ceinture avant de monter.

Il se remémore les lieux où il a passé. Et qu'ai-je vu, moi aussi, dans le champ des beaux-arts ? Le sentiment de l'individualité se développer dans le Cimabué et germer l'énergique instinct du progrès ; le Giotto briser d'une main vigoureuse les momies byzantines, promulguer des principes rénovateurs et marcher en avant en dépit des entraves ; le Taddeo Gaddi, le Giottino assurer le triomphe de la réforme, en lui donnant, celui-là, l'harmonie de la couleur : celui-ci, l'intelligence de la nature ; l'Orcagna pousser intrépidement la statuaire ; le pauvre Paolo Uccello être le promoteur de la perspective ; Francesca et Masaccio développer l'œuvre de Paolo ; les Bellini, les Ghirlandaj, les

Mantègne , le Francia , le Pérugin frayer sans repos le chemin des arts ; Donatello et Ghiberti servir généreusement la statuaire ; Arnolphe , Agostino et Brunelleschi , l'architecture.

Vienne le siècle d'or !

CHAPITRE XI.

Le vieux et infirme Pie III venait de passer
sur le trône des pontifes. Julien de la Rovère
lui succédait, en 1503, sous le nom de Jules II.
Une trève était signée l'année suivante entre les
rois d'Espagne et de France, et l'Italie jouis-
sait d'un instant de repos ; les peuples, épuisés
de lassitude, rouvraient leur cœur à l'espérance
prospère, et les imaginations mobiles enfantaient
de nouveaux rêves, qui ne devaient pas se réaliser. Ainsi, après les guerres, les populations

sont comme les champs altérés sur lesquels tombe une pluie abondante, et qui reprennent aussitôt leur végétation, que la sécheresse avait arrêtée.

Les lettres deviennent adulatrices, et les historiens, courtisans ; les rois, qui ne s'étaient réunis pour la première fois que lors des croisades, interviennent dans la politique européenne et parlent des droits imprescriptibles de leur légitimité. La science diplomatique naît. La légitimité, les traités, les convenances nationales, voilà les trois principes émis à l'occasion de la ligue de Cambrai.

Avec les guerres d'Italie, l'esprit féodal du Nord se concilie avec l'esprit municipal du Midi ; le résultat de ces guerres est tout moral : il a appris aux Français à aimer les arts. Des Italiens sont appelés en France, et sous leur influence se forme la première école française : le peintre Jean Cousin, le statuaire Jean Goujon, l'architecte Pierre Delorme sont, pour ainsi dire, des élèves du Rosso, du Primatice, d'Andrea del Sarto et de Benvenuto Cellini.

L'architecture gothique disparaît ; le plein-cintre

remplace l'ogive ; la colonne grecque reparaît aux portiques des temples ; les sculptures bizarres du moyen âge font place à un goût nouveau, plus sévère, mais moins religieux. La rivalité des maisons de France et d'Autriche commence ; François Ier et Charles-Quint sont aux prises ; l'Italie, qui avait dominé par les lettres, s'éclipse devant la gloire, le génie et le bonheur de l'Espagne ; cependant ses beaux-arts jettent leur éclat le plus prodigieux : météores éblouissants, Raphaël et Michel-Ange achèvent et résument le plus magnifique perfectionnement de la forme. Le règne de Léon X est à jamais célèbre. En France, celui de François Ier jette un éclat chevaleresque dont conservent le souvenir les lettres qu'il protége et les arts qu'il affectionne. L'étude alors embrasse toutes les branches des connaissances humaines.

Charles-Quint menace l'indépendance de l'Europe, et l'existence et la nationalité de la France sont en danger ; Gustave Wasa jette un éclair de gloire et de liberté sur la Suède ; Henri VIII introduit la réforme en Angleterre, scandalise

les peuples par ses mariages tachés de sang ;
sa fille propage les idées nouvelles, et Rodolphe,
le faible rejeton de Maximilien, distille des eaux
spiritueuses, taille des pierres fines et se livre
à l'astrologie judiciaire avec Tycho-Brahé. Dans
l'ordre religieux, Luther ébranle l'autorité ro-
maine ; l'indépendance de la raison est procla-
mée ; une lutte acharnée commence entre l'abnégation complète personnifiée dans Loyola, et
la liberté religieuse personnifiée dans le hardi et
véhément Saxon. Du fanatisme naîtra la tolé-
rance. En attendant, les bûchers de l'inquisi-
tion épouvantent les réformés.

La supériorité civile est maintenue sur l'autorité ecclésiastique. Zwingli réclame au nom de
la dignité humaine la réforme au milieu de ses
montagnes helvétiques ; Calvin en assure le triomphe, mais fait passer le fatalisme dans l'Évangile. Une croisade politique et religieuse part
de la terre espagnole contre les Turcs. En 1571,
la victorieuse bataille de Lépante écrase la ma-
rine musulmane. Mais, à l'intérieur, Philippe II
voit sa flotte l'invincible dispersée et anéantie

par la tempête, et ses projets sur la réforme et l'Angleterre s'évanouissent. Quand il meurt en 1598, l'Espagne n'en peut plus de lassitude.

Voilà l'Europe toute palpitante de terribles colères, de passions et de fanatisme, tandis que conquièrent leurs triomphes les grands artistes du seizième siècle et que l'art du moyen âge achève sa miraculeuse révolution.

Dans les principales villes de l'Italie, des académies de dessin se sont formées à l'instar de celle de Laurent de Médicis, et toutes rivalisent et marchent, non avec la même vitesse, mais avec le même courage, dans ce chemin battu des arts, où tant de générations se reposent déjà sous sa poussière remuée. Florence et Rome se disputent la suprématie intelligente de cette domination nouvelle : il n'y a plus là de Carthage à renverser ; mais il y a dans les hommes de jalouses et terribles rivalités. Les choses marchent vite en ce moment ; les forces humaines sont doublées ; mais l'art va peut-être s'abîmer en se hâtant si impatienté. Le génie dévore l'aliment des générations futures, et plus les choses vont promptement, plus elles finissent promptement : l'éclair naît et meurt; la vitesse est la mesure de l'existence.

Déjà les temps d'enthousiasme se sont évanouis. Ce n'est plus l'émulation, c'est la concurrence, l'intrigue, la violence qui désormais se font place. Florence ne sait plus où envoyer ses caravanes artistiques : elle a couvert l'Europe de ses chefs-d'œuvre et peuplé les cours des rois de ses maîtres les plus habiles, et l'Europe a si bien profité, que maintenant elle n'a plus besoin de Florence. Les migrations cessent.

En Italie, la parole remplace l'action ; les écoles succèdent aux ateliers, et il y a des diplômes de peinture comme il y a des diplômes de théologie, de philosophie, de médecine. La fièvre du labeur s'émousse ; le génie perd son individualité et s'uniformise. L'art, épuisé, s'arrêtera après Michel-Ange.

La nature ne favorise pas également ses créations : elle prive les unes. privilégie les autres.

Il semble que, jalouse même de l'éducation, elle veuille la prévenir et environner un homme de tant de beauté et de force, qu'il paraisse son seul ouvrage. La dignité humaine se sent plus élevée près de ces hommes, parce qu'ils la rapprochent plus de la divine intelligence. Voilà pourquoi le génie a droit au respect de tous ; voilà pourquoi le Vinci, dont nous commençons l'histoire, sympathise d'abord si profondément avec notre raison et les croyances de notre cœur.

En contemplant une de ses admirables peintures, on sent naître en soi le sentiment de la vénération. C'est qu'il eut cette divine inspiration, source de vérité, de beauté, selon Platon, et il laissa dans ses tableaux, pour l'enthousiasme et le bonheur de tous, le souffle du ciel qui avait fait battre son âme et guidé son pinceau.

Léonard de Vinci naquit au château du Vinci, dans le val d'Arno (1452). On s'aperçut bientôt de ses rares dispositions pour les arts, et son père s'en estimait heureux. Mais craignant que son amour ne l'illusionnât, que ce qu'il croyait être la vérité ne fût qu'un grand désir, dans son humble simplicité, il s'adressa à son ami intime, le Verrocchio :

« Vois les dessins de mon Léonard, lui disait-il, et dis-moi s'il peut réussir en travaillant. »

Et l'artiste serra les mains de son ami, car il avait vu dans les ébauches du jeune enfant la gloire à venir de l'homme.

Le Vinci fut donc mis en apprentissage chez ce peintre; mais sa mobile imagination se plaisait déjà à s'envoler d'un objet à un autre; c'était un composé d'air et de feu, comme le coursier de l'Arioste. Pendant qu'il faisait du dessin, il composait des plans d'édifices, de moulins, de fouleries, de machines se mouvant par la force seule de l'eau; proposait de conduire les eaux de l'Arno de Pise à Florence; et son projet, inaperçu à cause de sa grande jeunesse, était exécuté deux cents ans plus tard par le Viviani, le plus grand ingénieur de son temps et le dernier des élèves de Galilée.

Il avait une prodigieuse facilité pour toutes les branches du génie humain. Homme d'élite,

il se fût fait une réputation dans les arts les
plus opposés. Il avait cette versatilité impatiente
qui abandonne et rejette une étude lorsque la
connaissance acquise a satisfait la fièvre de curiosité. C'était la versatilité du Dante, la versatilité du génie.

A la souplesse du corps il unissait la beauté
du visage, et au charme de la parole, les ai-
mables séductions du cœur. Étonnante était sa
force de corps et magnanime était son courage.
Musicien, improvisateur, mathématicien, peintre,
il cédait aux élans d'une intelligence entrepre-
nante et facile ; à peine il avait commencé qu'il
savait ; pour lui, la science et l'art étaient une
révélation.

Aussi prompte était sa conception, aussi puissamment était irrésistible sa démonstration. Il
se jouait avec les problèmes les plus difficiles,
résolvait les objections les plus fortes et imposait ses idées, comme un souverain sa volonté.

Sa tête était une fournaise, et des projets
nouveaux y bouillonnaient sans relâche, comme
une lave dans le volcan enflammé : c'était une

montagne à percer, des plaines à unir, des poids immenses à soulever au moyen de vis, leviers et cabestans, des ports à nettoyer, des canaux à creuser, et il faisait des plans pour prouver la réalisation possible de toutes ses combinaisons inventées. C'est parmi ses dessins qu'on a trouvé ce fameux modèle, au moyen duquel un jour il avait démontré qu'il exhausserait, sans le détruire, le temple de Saint-Jean de Florence, et il s'appuyait sur des raisons si plausibles, si probantes, que l'on finissait par être de son avis; on ne reconnaissait l'impossibilité d'une semblable entreprise que quand il était parti.

Léonard avait l'âme d'un enfant; on se sentait irrésistiblement entraîné vers lui, et lui aimait tout ce qui l'environnait. Il était fou de chevaux, et les oiseaux faisaient ses délices; il les soignait avec une patience merveilleuse, et souvent en passant sur les marchés où on les vendait, il en payait le prix, les tirait lui-même de la cage et les laissait s'envoler.

Il affectionnait singulièrement les choses étranges; et s'il rencontrait quelque homme à la tête

bizarre ou expressive, portant barbe ou chevelure originale, cela lui faisait un tel plaisir, qu'il
se mettait à le suivre, et se le rappelait si bien,
qu'il dessinait ensuite de souvenir le personnage,
comme s'il eût posé devant lui.

Mobile comme l'air, il s'enthousiasmait pour
les choses les plus opposées ; passait en un instant de la joie bruyante à la mélancolie plain-
tive ; de l'inspiration frémissante à la défiance
inerte ; et, dans ses compositions, de la gracieuseté onduleuse à l'énergie militante ; de la
beauté idéale au laid et au bizarre : c'était tour
à tour l'aigle et la colombe ; la mâle fierté d'un
homme et la douceur d'une vierge.

Un oiseleur du val d'Arno, employé souvent
par le père de Léonard, avait façonné une rondache de bois de figuier ; mais ne la trouvant
pas assez belle sous sa brune couleur, il avait
prié le père du peintre de la porter à Florence et de la faire peindre. Le vieux Vinci
consentit à la demande du paysan, emporta la
rondache, et, sans donner aucune explication
à son fils, le chargea d'y peindre quelque chose.

Léonard la prit, l'examina, la retourna dans les mains ; et, la voyant tordue, inégale, informe, la redressa, la dégrossit, la polit, l'enduisit de blanc et résolut d'y représenter un sujet bien effrayant, un spectre, un fantôme, un monstre, un épouvantail, n'importe. Alors il rassembla des bêtes affreuses et bizarres, des grillons, des sauterelles, des chauves-souris, des serpents, des lézards, arrangea le tout et en forma un monstre sans nom, mais terrible, sortant d'un rocher sombre et brisé : son haleine exhale la puanteur et infecte l'air ; un noir venin dégoutte de sa gueule, le feu sort de ses yeux, et la fumée s'échappe de ses narines.

Le Vinci brava l'infection durant ce travail. Ayant fini, il avertit son père, qui avait oublié la rondache, et la disposa dans un jour favorable, c'est-à-dire sous un flot éblouissant de lumière.

Le père vint ; mais apercevant la bête immonde, il voulut fuir. Léonard le retint :

« Elle a produit l'effet que j'en attendais, dit-il ; mon père, emportez-la. »

Le père l'emporta ; la vendit cent ducats à des marchands florentins, qui, à leur tour, la cédèrent pour trois cents au duc de Milan ; acheta secrètement chez un mercier une autre rondache, sur laquelle on avait peint un cœur percé d'une flèche, et la donna au paysan, qui en fut reconnaissant toute sa vie.

Et cependant cet homme habile attendit long-temps pour être chargé d'une grande entreprise : il avait cinquante ans qu'on n'avait pas encore songé à lui confier un travail important.

En 1494, il écrivait au duc Sforce :

« Je puis en temps de guerre employer des machines nouvelles, telles que ponts, canons, bombardes, pièces de menue artillerie, toutes de mon invention et faisant le plus grand ravage ; attaquer places fortes et les défendre par moyens non encore pratiqués. En temps de paix, je suis capable en peinture, sculpture, architecture, mécanique et conduite d'eau, de tout ce qu'on peut attendre d'une créature mortelle. »

En 1492, le Vinci était pensionné par Ludovic

le More et était mis à la tête d'une académie de dessin destinée à l'instruction de la jeune noblesse.

En 1493, il était présenté au duc Ludovic Sforce (Milan), successeur de Jean Galéas. C'est là qu'il devait donner les plus grandes preuves de son talent, y fonder une école et s'y environner de nombreux et puissants élèves.

Voici sa présentation :

Sforce était passionné pour la musique, et un concours avait été ouvert à plusieurs musiciens et improvisateurs. Léonard s'y présenta. Il arriva portant un instrument qu'il avait façonné lui-même, presque entièrement en argent et ayant la forme d'un crâne de cheval. Cette forme originale et bizarre donnait aux sons quelque chose de mieux vibrant et de plus sonore. Sforce fut séduit par l'improvisation spontanée, brillante du maëstro ; il le combla de félicitations, de caresses, se l'attacha et mit à l'œuvre son talent de peintre et d'ingénieur.

C'est à Milan, chez les dominicains, que le Vinci fit son fameux tableau de la Cène ;

les têtes des apôtres y sont pleines de noblesse
et de majesté ; leur curiosité inquiète cherche
à deviner le traître , et elles sont émues de
douloureuses passions , n'apercevant pas un signe , ni du Sauveur ni de lui , qui le révèle.
On sent le frisson à voir la face haineuse et
impassible du lâche qui livre, cette nuit-là même,
son maître aux scribes de la loi et aux soldats
de Pilate. C'est inouï ce qu'il y a de bassesse
et de passions ignobles sur ce visage damné ,
et , en présence , tout ce qu'il y a de douceur
ineffable , de sereine majesté , de résignation
sublime et de foudroyante menace dans le geste,
dans la parole et dans la physionomie du martyr céleste , qui tout à l'heure va vider son
calice, suer des gouttes de sang et ployer sous
le bois de sa croix.

Au dire du Vasari, Léonard aurait désespéré de
pouvoir rendre entièrement cette adorable image,
ce type divin, et l'aurait laissée inachevée. Il avait
cherché parmi les hommes ; mais quel visage
humain approcherait de cette beauté surhumaine ?
La réalité était impuissante à le servir ; son

pinceau luttait avec l'idéale imagination ; sa pensée s'élançait jusqu'au ciel ou se recueillait en
soi , et ce recueillement était profond et mystérieux comme celui de Dieu lorsqu'il disait :
« Faisons l'homme à notre ressemblance. »

François Ier , dans son expédition d'Italie , vit
cette peinture et fut frappé devant elle de respect et d'enthousiasme. Il voulait qu'on l'armât
de mantelets de bois et de fer, qu'on la déta-
chât et qu'on la transportât par-deçà les Alpes.
Mais les moyens violents auraient brisé la Cène
du Vinci, et François Ier , laissant le chef-d'œuvre, n'emporta que le souvenir et l'admiration.

Dans le même temps , le Vinci avait commencé son gigantesque cheval de bronze , mais
il ne put l'achever. L'arrivée des Français chassa
Sforce , et les soldats de Louis XII brisèrent le
bronze colossal , qui pour eux n'était pas un
monument des arts, mais un souvenir de la domination renversée.

Léonard ne suivit pas Sforce dans sa fuite ,
mais retourna à Florence , et c'est ici la troisième phase de sa vie.

Arrivé au plus haut période de son talent,
il goûtait les fruits mûris de sa réputation et
dominait son génie par ses rares connaissances
amassées, par son expérience, et surtout par
ses profondes études anatomiques. Le savant professeur Mercantonio, de Pavie, l'avait lancé
dans cette voie féconde et avait balayé devant
lui le chemin abrupt et obstrué. Cette étude
d'ostéologie, de muscles, de nerfs, servit beaucoup le talent du Vinci, et c'est dans elle
encore que puisa la belle part de sa gloire Michel-Ange. Les artistes reconnaissaient sa supériorité, et, provoqués par l'urbanité de ses ma-
nières, ils se réjouissaient de déférer à son désir
exprimé. Un peintre avait été chargé d'un travail au couvent des Servites à Florence ; Léonard
venait de revenir, et, dans une société, témoi-
gnait son regret de n'avoir pas été choisi pour
l'exécution du tableau ; le peintre connut ses regrets et renonça en sa faveur à l'ouvrage accepté.

Le Vinci s'installa au couvent, lui, sa femme,
ses enfants ; berça les servites d'espérances et

de belles paroles, et, après des délais nombreux, exposa enfin son carton de la Vierge à l'Enfant. Il y déposa tout ce qu'il avait de fraîcheur d'imagination, de religion, de foi et d'espérance. La Vierge est pleine de grâce, d'humilité angélique et de ravissante modestie. Le peuple se pressa en foule pour voir ce carton, que l'insouciant Léonard n'acheva jamais.

Les rois l'enviaient à sa patrie : et en attendant qu'il vînt sous un ciel étranger manger le pain d'une royale hospitalité, François Ier achetait ses œuvres et payait douze mille francs le portrait de la belle Mona Lisa, dont il enrichissait les galeries de Fontainebleau. C'est une belle tête de femme ; la nature y est rendue avec une étonnante perfection :

« Les plus petites choses, dit Vasari, y sont peintes avec finesse. Le cristal brillant et humide de l'œil, l'ombre des cils n'avaient jamais été rendus avec un tel bonheur. Ces teintes rougeâtres et un peu plombées, qui cernent les yeux et qui leur donnent tant de suavité et de charme quand on parvient à les distribuer avec

une telle intelligence et une telle légèreté ; ces
passages si délicats et ces tons si tendres, par
lesquels les sourcils et les poils s'harmonisent
avec la chair ; ces lèvres colorées et riantes
avec leurs attaches si mobiles ; ce cou et ce creux
de gorge ; toutes ces choses enfin si fines, si
souples, ne sont pas de la peinture, elles sont
le désespoir des peintres : on dirait une belle
femme qui respire et qui vit. »

Ce miracle de la peinture, que le Vinci avait
opéré en entretenant dans Mona Lisa la sérénité et la joie par l'audition de chanteurs, de
musiciens, de bouffons, éveilla l'admiration florentine ; on s'en voulut de ne pas encore avoir
employé un homme si habile à un grand ouvrage,
et, par un décret émané du gonfalonnier Soderini
et des principaux citoyens, on lui adjugea tout
un pan de muraille à la grande salle du conseil.

On l'opposa au jeune Michel-Ange pour une
joûte terrible, et ces deux hommes n'achevèrent
ni l'un ni l'autre leur peinture : leurs cartons
seulement furent terminés ; et si l'on réfléchit
un instant aux sujets choisis, on y reconnaîtra

le caractère nouveau du siècle. La religion ardente du treizième siècle a disparu dans les tourmentes des guerres et des factions ; le glaive, non l'Évangile, a été posé sur le trône des pontifes, et nos artistes n'osent plus s'en remettre à la piété pour juger le triomphe de leur rivalité. Ils font un appel aux passions belliqueuses, aux haines brûlantes, aux sentiments d'honneur et de patriotisme. Léonard représente un combat acharné de soldats florentins contre des troupes milanaises, qui se font écharper et couper les poignets plutôt que d'abandonner leur drapeau ; Michel-Ange, un épisode de la guerre pisane. Ainsi, ce n'était plus une tête de saint ou de madone, c'était une page de la vie de la veille, un monument de haine, un souvenir de colère frémissante.

A l'avènement de Léon X, le Vinci vint à Rome retrouver son ancien protecteur, mais néanmoins ne demeura pas longtemps près du pontife. Léon eut bientôt besoin du jeune Buonarroti, et, à l'arrivée de ce dernier, le vieux lutteur, ne voulant pas renouveler la lutte, sortit de la ville. Son âme, d'ailleurs, avait déjà été froissée par des tracasseries que sa lenteur au travail faisait naître, ou que la jalousie ne négligeait pas de lui susciter. Découragé et desservi, méconnu et humilié par le pape florentin, qui avait oublié son génie, le vieillard, sans doute, s'en allait sans trop de regret. Alors il songea à la France, où l'avait invité un roi ami des arts.

Il vint (1515).

François Iᵉʳ le reçut avec noblesse et joie ; mais il y venait apporter sa dépouille plutôt que les nobles débris de ses inspirations passées. Quatre ans après (1519), il tomba malade, et il comprit qu'à son âge il ne fallait plus compter sur des jours dont la mesure était vidée. Il se prépara au passage du ciel et reçut le viatique consolateur. Le roi vint essayer de lui rendre l'espérance et la force ; il se plaça près de son chevet et ne l'abandonna pas :

« Seigneur Léonard, ne vous déconfortez pas, » lui disait-il ; et il lui soutenait la tête pour alléger son mal. Mais le moment était arrivé ;

l'agonie commença, et le génie des arts expira entre les bras de la royauté.

La douce et vive physionomie du Vinci rassérénait les âmes les plus tristes ; son éloquence versait la persuasion dans les esprits obstinés ; sa force domptait les colères, et sa main ployait comme une lame de plomb un fer de cheval ou le battant d'une cloche. Libéral et bienveillant à tous, sa présence donnait un aspect de luxe au réduit le plus sale et le plus délabré.

La peinture acquit par lui une intelligence nouvelle du clair-obscur, et la sculpture, un galbe plus hardi et un style plus ferme. Il inventa le tour ovale, activa le développement général de la science et « est le premier en date entre les artistes les plus éminents de sa prodigieuse époque. »

A ce jour, les principales villes italiennes ont des représentants dans les arts. Le Parmesan Correggio a laissé un nom que le talent et le malheur ont rendu célèbre, et que la noble pitié humaine a environné d'un juste respect. On ne peut aborder la vie de cet homme sans être vraiment ému ; le cœur palpite d'une émotion violente devant cette mâle figure, devant ce grand artiste qui a supporté tant de misères, et que la misère a couché dans son tombeau. Si l'histoire est le symbole de la souffrance et de la résignation humaines, c'est surtout dans la vie des artistes que ce symbole est visible et palpitant de vérité : douloureuse lassitude de l'intelligence qui enfante ; poignantes anxiétés du cœur que la sotte vanité froisse et que l'insolente grossièreté humilie ou décourage ; misères et continuelles privations du corps qui s'attache et quelquefois meurt à la besogne ; triple cercle infernal par lequel passe un homme ; creuset terrible où s'épure la pensée, mais où les forces physiques se consument ; duel à mort entre l'âme et la matière, entre le génie et les douleurs !

Le savant Lanzi a voulu dissiper les nuages qui couvrent l'enfance du Corrége (1494) ; mais c'est à peine si la tradition laisse flotter un jour voilé et fugitif sur l'origine et les premières années de ce grand peintre. C'est avec ses œuvres que les historiens ont recomposé sa vie ; mais il passe comme un voyageur qui descend le soir dans une hôtellerie, s'en va le lendemain, ne laisse que son nom et emporte le secret de sa famille. Comme ce grand-prêtre qui bénit Abraham au retour de son expédition contre les Élamites, le Corrége n'eut point de parenté, mais il était investi d'un sacerdoce, et il le remplissait depuis qu'il lui était échappé cette prophétique parole : « Et moi aussi, je suis peintre ! » Ne fouillons donc pas le mystère de la vie du Corrége ; qu'importe de quel point du ciel viennent le vent salutaire et la rosée pure ! Le génie est l'enfant de l'humanité.

La tradition contemporaine et populaire raconte universellement sa solitude, sa misère, sa mort prématurée et touchante.

« Son caractère fut timide, dit Vasari, et il se ruina la santé pour nourrir sa famille. »

Mais par quelles épreuves a passé son enfance ; mais quelles luttes ont signalé ses premières années ? On ne le sait pas ; il paraît avec ses œuvres, comme Homère avec son poème.

On a essayé de le déposséder de sa pauvreté, qui aujourd'hui couronne son talent de sa prestigieuse auréole ; on a beau faire, la tradition désormais est consacrée, et ce sera toujours non du riche, mais du pauvre et souffrant Correggio dont l'écrivain fera l'histoire. Les noms de Savage, écrivant sur la borne des rues, dans une taverne enfumée et sur un papier d'emprunt ; de Gilbert, mourant à l'hôpital ; de Malfilâtre, expirant sur la paille de son grenier, viennent simultanément au souvenir devant sa mélancolique image. Il s'inspira sous l'étreinte de la misère, et l'obstacle n'arrêta pas sa marche, parce qu'il fallait vivre, et il n'était pas seul à vivre !

Ce fut en voyant une madone de Raphaël qu'il reconnut son génie et qu'il en révéla sa joie dans un cri de conviction et de force. Est-ce dans cette révélation aussi, dans cette vue de la peinture du divin Sanzio, qu'il puisa la délicatesse et la grâce de son pinceau ? Est-ce dans son admirable nature qu'il trouva ces chastes et harmoniques contours qui font tant plaisir à qui contemple ses portraits de femme ? Le Carrache disait « qu'il ne procède de personne ; qu'il a tout tiré de sa tête, tout inventé ; qu'il s'appartient tout entier et est seul original. » En effet, les maîtres de cet homme nous sont inconnus, et lui-même, humble dans sa vie et dans son ambition, n'a point soulevé le rideau qui le sépare de nous.

Quel charme dans ses images de vierges ! le cœur bat à les contempler. « Il est inimitable pour le coloris, » disait Jules Romain ; et l'on se sent pris de joie à voir le doux sourire errer sur ses lèvres de madones. On avait mis sur son tombeau : « qu'un jour les Grâces ayant supplié la divinité de l'Olympe de ne point permettre à une autre main qu'à celle du Corrége de les peindre, la divinité enleva au ciel le jeune peintre, qui vit de ses propres yeux, et sans voile, l'harmonique et virginale beauté des Grâces. »

Sa Nativité, son Christ au jardin des Oliviers sont des compositions que les artistes les plus difficiles n'ont jamais cessé d'admirer.

Et cependant l'humiliation ne manqua pas à

son courage ; et pour que l'ironie fût complète, un historien est allé jusqu'à dire qu'il avait retrouvé les armoiries du Corrége. Tandis que Léonard recevait les encouragements les plus flatteurs ; que le Sanzio recevait un prix immense pour ses peintures, lui, abreuvé de dégoûts par des exigences subalternes et outrageantes, abandonnait des ouvrages commencés, dont on confiait l'achèvement à un barbouilleur, le Sojaro.

« Vous savez bien ce qui a été dit au Correggio, faisait ce dernier prenant de meilleures garanties ; je ne veux pas être à la merci de tant de cervelles. »

Or, l'âme du peintre avait été cruellement froissée. En examinant les dessins que le Correggio lui présentait, un marguillier lui avait dit :

« Est-ce un plat de grenouilles que vous voulez peindre ? »

Et quelle modicité, quelle parcimonie dans les émoluments accordés à ce grand peintre ! Une seule de ses figures rapportait au Sanzio autant que recevait le pauvre Antonio Allegri da

Correggio pour son immense coupole de la cathédrale de Parme. Il donnait son tableau du Christ au jardin des Oliviers pour une dette de douze francs environ , et pour ses longs travaux, il recevait des moines en paiement, avec un peu d'argent, des denrées indispensables : quelques sacs de blé et quelques charges de bois. Est-il étonnant qu'il soit mort comme la bête de somme épuisée sous le harnais !

Il se trouvait dans une gêne violente. Déjà il avait fait le voyage de Correggio à Parme pour toucher une somme qui lui était due, et le prieur du couvent avait remis à lui payer son salaire. C'était dans le milieu de l'été, lorsque le soleil est brûlant et que la poussière du chemin, soulevée par les voitures et les pieds des chevaux , se mêle à la sueur du front. Antonio ne craignit pas de faire à pied une route longue et d'une seule haleine , n'ayant absolument pas la plus humble obole qui lui permît de s'arrêter en chemin et d'étancher sa soif dans quelqu'une des auberges qui bordent la voie publique. Il arriva exténué : il attendit. On l'introduisit enfin près du prieur, qui le paya en monnaie de cuivre. La charge était lourde à porter ; mais sa famille attendait ; et joyeux, du reste, de pouvoir rasséréner plus vite le front inquiet et souffrant des siens, il ne tint compte de sa fatigue et s'en retourna sans prendre aucun repos. Il rentra tout haletant. Il but alors imprudemment et à longs traits une eau froide qui le mit au lit avec une fièvre violente, laquelle termina ses jours (1534).

Il avait quarante ans.

A certaines époques, le génie n'est pas dans un homme, il est dans l'imagination populaire, dans l'air qui environne et enivre, et c'est dans ce souffle vivifiant et générateur que le Corrége a puisé son inspiration. Il n'imite pas, il invente ; la lumière est en lui, non hors de lui. Le feu sacré couvait en son cœur avant que ses lèvres ne se fussent exclamées devant la peinture du Sanzio. La révélation s'est faite alors, mais le génie vivait avant. Ainsi le nuage renferme l'étincelle électrique, mais elle ne jaillit qu'au passage de la tempête.

CHAPITRE XII.

Au seizième siècle, les représentations artistiques et carnavalesques ont changé de caractère ; elles ont plus de popularité et s'immiscent
dans les affaires politiques. Les graves événements
qui ont bouleversé l'Italie n'ont plus laissé le
le choix des factions à quelques hommes puissants ; mais c'est le peuple lui-même qui, par
des allusions hardies, fait comprendre sa haine
et son espérance. Une action se trouve jointe à
ces représentations ambulantes, et musique .

paroles et costumes concourent à la même unité. L'amour des deux puissantes civilisations anciennes, dont viennent de s'engouer tous les littérateurs et savants italiens, est descendu dans la rue, et ces jeux, bouffons et religieux d'abord, sont devenus des imitations des triomphes antiques. Parmi ces représentations, les vieillards se sont longtemps rappelé le *char de la Mort.*

« Ce char immense, dit Vasari, s'avançait traîné par des buffles ; sa couleur noire faisait ressortir les ossements et les croix blanches dont il était semé. A son sommet se trouvait la gigantesque représentation de la Mort, tenant sa faux en main et entourée de tombeaux qu'à chaque station on voyait s'entr'ouvrir, et dont sortaient des personnages couverts d'une draperie sombre, sur laquelle étaient peints les os des bras, du torse et des jambes. Des masques à têtes de mort suivaient à distance ce char fantastique et renvoyaient à demi, à tous ces pâles squelettes, à toutes ces draperies funéraires, la lueur lointaine de leurs torches. La terreur était à son comble, quand, au son de la musique sourde et lugubre des trompes, les squelettes soulevaient lentement le couvercle de leurs tombes, et, s'asseyant sur le bord, entonnaient d'une voix triste et languissante une complainte funèbre. A la suite s'avançait encore toute une légion de cavaliers de la Mort, sur les chevaux les plus maigres et les plus décharnés qu'on pût voir, au milieu d'un peuple de valets et d'écuyers agitant leurs torches allumées et leurs enseignes noires déployées. Pendant toute la marche, cette procession chantait, en mesure et d'une voix tremblante, le *Miserere* des psaumes. »

· Mais pourquoi cette imagination funéraire? Que veulent dire ces emblèmes qui épouvantent ? Pourquoi ces singularités de conceptions ? Est-ce folie ou sagesse que cette promenade de morts et de squelettes qui chantent? Ce n'est ni folie ni sagesse. Mais nous sommes à la fin des dévotions sincères et au commencement d'une époque railleuse, de doute et d'irréligion ; où la folie remue avec une incroyable témérité les questions sociales et religieuses ; où l'on mêle les chants profanes aux hymnes de l'Église, les extravagances du carnaval, les psaumes de la pénitence et les orgies aux choses les plus saintes et les plus sacrées. Charles-Quint ne fera-t-il pas aussi chanter la messe des morts sur le cercueil qui le renfermera vivant ?

Néanmoins, il devait vivre peu de choses de ces fêtes florentines, et le souvenir de ces allusions politiques passait naturellement avec les circonstances qui les avaient fait naître.

On n'a jamais fini le récit de la douleur tant qu'il reste un nom humain dont on fait l'histoire. Le plus heureux a eu des heures d'angoisses et de prostration ; mais qui dira les tortures de celui qui semble n'avoir eu la vie que pour en tarir l'amertume ? Et souvent c'est la misère qui enfante le plus de maux.

Deux divinités, l'une fille du ciel et l'autre fille des hommes, vivent sur la terre. Elles sont adorées toutes les deux ; mais elles sont différemment belles et différemment bénies.

L'une est environnée d'un peuple esclave,

empressé , servile : elle est assise sur un trône
de pourpre et vêtue de vêtements riches et éblouissants ; la joie et les plaisirs embellissent ses
jours ; les productions des mondes et les sourires
des hommes et des vierges sont à elle et pour
elle. Elle demande , et sa volonté est faite.

L'autre est belle de la beauté des anges et de
la sérénité du Christ : elle n'a pas dans ses vêtements une richesse insolente , mais elle est
ravissante de ses formes harmoniques , chastes
et respectées ; belle du rayon consolateur qui
auréole son mélancolique et céleste visage. Les
riches ne l'environnent pas , mais les pauvres.
On ne la trouve pas dans les palais , mais dans
les chaumières et partout où il y a un malheureux à sauver. Elle baise les blessures , et les
blessures sont fermées ; elle passe la porte de la
cabane, et le malheur s'évanouit devant le chaud
soleil de son regard. Elle est suivie d'orphe-
lins , de pauvres et d'affligés ; elle passe au milieu des peuples , et les populations la reconnaissent , s'agenouillent et la bénissent. Les
malheureux et le ciel lui ont donné le nom de

Générosité : mais les hommes ont appelé l'autre divinité la Richesse.

L'artiste ne rencontre pas toujours sur le chemin l'une ou l'autre ; le bloc ou la toile qu'il doit animer manque souvent à son inspiration qui déborde, et sa volonté s'épuise dans ces journalières et étiolantes épreuves de la misère. Le Corrége a noblement lutté ; le Rafaellino del Garbo, l'intéressant élève du Filippo, courba la tête sous le vent du malheur et laissa s'éparpiller aux orages, avec ses illusions touchantes, ses poétiques et merveilleuses inspirations.

Rafaello ou, selon le diminutif, Rafaellino (1466-1524) a plus souffert que produit, et son souvenir est triste et solennel. Enfant, il donna les plus belles espérances et fit tout ce qu'il fallait pour devenir un jour un grand peintre ; mais la misère n'est pas inspiratrice, elle flétrit son génie, et si elle ne le brisa pas lui-même, elle le déposséda des chefs-d'œuvre que sa maturité aurait produits ; si l'arbre resta debout, le fruit fut frappé dans sa fleur et tomba privé du principe vital qui l'alimentait. Ainsi, avant de livrer sa fille au bien-aimé, la mère la couche parfois dans la tombe, et dans la tombe ensevelit de même l'artiste les palpitantes inspirations de son cœur et de sa pensée.

Élève ou imitateur à l'atelier, Rafaello fit libre la voie à son imagination lorsqu'il eut abandonné son maître, et laissa à ses conceptions son originalité spontanée et hardie. Et tant paraissaient belles et dignes de l'avenir ses peintures, qu'on les faisait environner d'ornements sculptés. Riche de sa mûre jeunesse et la poitrine pleine d'espoir, il voulut choisir une amie qui sourît à ses triomphes, l'enivrât de son amour et le soutînt dans sa faiblesse, si jamais l'énervement se faisait en lui. Il se trompa. La famille est une consolation, mais elle est aussi un poids, et ce fut le poids qui l'écrasa.

Obligé de travailler sans relâche, et chaque jour dévorant le salaire du jour, le besoin le força à faire à vil prix les travaux proposés. Alors sa volonté fut moins forte que son génie : désespéré à recommencer tous les jours la lutte de la veille, il perdit tous les jours de sa force et sembla s'éteindre ; son pinceau ne fut plus que son gagne-pain ; il renonça au but élevé de l'art, laissa se détériorer et se polluer son talent dans de rapides ébauches. Mais parfois le feu se réveillait sous la cendre, parfois revenait l'illumination du génie ; l'éclair caché dans l'orage jaillissait lumineux et éblouissant : c'était quand une main généreuse soulevait le poids de sa vie et lui permettait de respirer un peu.

A suivre et à analyser ces existences délabrées ; à interroger ces natures découragées et nées pour la souffrance, l'âme se serre, et autant notre courage s'exaltait devant ces enthousiastes et âpres lutteurs plus forts que la misère, autant elle se lamente et s'énerve devant ces souffreteux athlètes. Le Pérugin nous enhardit ; le Corrége nous rassérène l'âme en conservant sa paix et sa force ; nous sommes abattu avec le Rafaellino. Néanmoins, il y a dans cet homme encore la noblesse du caractère conservée. Ce cœur brisé, ce languissant artiste ne vendit ni n'avilit son talent, mais laissait aux brodeuses florentines de beaux dessins dont s'enrichissaient les marchands avares. De l'ambition, et il eût surnagé. La timidité le retint bas : le génie a besoin de la vigueur et des ailes de l'aigle ; mais tous les artistes ont-ils brisé les liens de la pauvreté ?

Pauvre et infirme, à cinquante-huit ans, il salua l'ange de la mort, qui venait le délivrer, et reporta à Dieu le souffle créateur qu'il lui avait donné. Le Bronzino fut son élève.

L'art devient de jour en jour plus en honneur, non-seulement à Florence, mais dans toute l'Italie. Laurent même ne voulait recevoir à son institution que la jeune noblesse ; et quoique certains hommes s'obstinent encore à nier la considération dont jouissent les champions et les travailleurs de la peinture, ils subissent néanmoins l'influence populaire, et l'art, quel qu'il soit, tend à conquérir un rang élevé et à assurer aux artistes une haute dignité sociale. Des familles se transmettent comme un patrimoine héréditaire le domaine de l'art et se rendent illustres en en labourant tous les points à la fois. Elles peuvent se charger de vastes entreprises, possédant, sans sortir de la famille, tous les membres nécessaires aux travaux les plus variés et les plus opposés : ainsi la maison des Giamberti, qui, fils d'ouvriers et ouvriers eux-mêmes, étaient devenus d'éminents artistes et avaient rassemblé dans le chantier paternel les notions les plus vastes pour se vouer à l'art. Ils fonctionnèrent merveilleusement dans leur sphère élargie ; mais, inspirés par une haute raison plutôt que par la hardiesse et l'indépendance du génie, ils parurent trop humbles à Jules II pour la construction de la basilique de Saint-Pierre. Il fallait au pontife le hardi Bramante pour concevoir et combiner l'œuvre gigantesque.

Un demi-siècle, cet homme de l'État d'Urbin, né en 1444, a cherché quelque chose de grand qui l'immortalisât. Actif comme Brunelleschi, sa jeunesse se passa dans les voyages. A peine avait-il gagné quelque argent, que vite il se remettait en route pour aller moissonner de nouvelles connaissances, mesurer de nouveaux monuments , s'initier à de nouveaux secrets architectoniques et se préparer insensiblement cette réputation forte qui le fit choisir par Jules II pour élever l'impérissable basilique. Ses quinze années à Rome sont son règne. Son œuvre, c'est Saint-Pierre. On s'inquiète moins qu'il ait été employé comme ingénieur dans la guerre de la Mirandole ; qu'il ait joint par d'ingénieuses constructions le belvédère à l'ancien palais du Vatican , ou qu'il se délassât de ses travaux par la poésie et l'improvisation. C'est dans sa formidable création que les hommes de l'art vont juger le Bramante.

Il était né pour sa mission accomplie , et il a fait doubler le pas à ceux qui marchaient dans sa voie. Il se félicita d'avoir trouvé Jules II pour pouvoir réaliser les conceptions hardies de son intelligence , et Jules II dut s'avouer son bonheur d'avoir rencontré le Bramante. Hommes d'action tous les deux , ils auraient voulu que les palais et les monuments s'élevassent de terre comme ils frapperaient du pied.

C'était sur l'emplacement du vieux temple que l'architecte devait construire le nouveau. On dit que, dans son impatience, il en fit démolir plus de la moitié ; qu'il détruisit même beaucoup de belles choses, des tombeaux, des peintures, des mosaïques. Cependant, il conserva le vieux autel sur lequel déjà tant de fois le sacrifice de salut avait été consommé.

La mort l'emporta avant qu'il n'achevât son œuvre (1514), et les plans primitifs subirent une série de modifications jusqu'à Michel-Ange, qui enfin la termina.

Le Bramante procède de l'art grec et de l'art gothique : c'est le résultat de ses études à Milan avec les artistes grecs expatriés et avec les ouvriers du Nord, ces hardis bâtisseurs allemands.

Génie impatient, universel dans son art et progressif, il a attaché son nom « à la belle et savante école milanaise, » en le plaçant à côté de celui du pensif Léonard ; il a deviné le génie du gracieux Raphaël, l'a appelé à Rome, a été son maître en architecture et en a fait présent à Jules II.

Le Bramante s'est si bien assimilé les deux éléments grec et gothique, qu'il a accompli une œuvre d'éclectisme pure et originale. On croirait que son génie est spontané et sans alliage.

« Il a, dit Jeanron, la naïveté et la liberté de la donnée spiritualiste du moyen âge et la régularité imposante de la donnée panthéiste de l'art païen. »

En ce moment (1513), le belliqueux et républicain Jules II meurt, n'ayant pas encore, selon son expression favorite, « chassé les Barbares de l'Italie. » La vénération à la papauté s'affaiblit de jour en jour : le temps où elle rendait ses décisions comme du haut d'un Sinaï est bien éloigné ; au-delà des monts, la croyance se conserve plus longtemps, moins en Italie. Bayard serait enchanté de s'emparer de la personne du pape : mais l'armée française, envahissant le château Saint-Ange, se jette brutalement aux pieds du saint-père pour baiser sa mule. et son hardi adversaire, Chaumont, meurt abattu par le chagrin et tourmenté de remords de lui avoir fait la guerre, l'année même que, dans leur colère, les Bolonais renversaient sa statue ; et ce n'est qu'après son voyage de Rome que Luther commence sa terrible lutte contre la papauté.

Jean de Médicis monte sur le trône et prend le nom de Léon X. Ce nom est environné d'un éblouissant prestige : la splendeur des arts et de la littérature l'environne. Les hommes de génie se groupent autour de cet homme, qui parvint jeune au souverain pouvoir. On a célébré son nom avec reconnaissance, et cependant il manqua de philosophie et de prudence. Il ne soupçonna pas la révolution allemande fomentée par le moine du monastère d'Erfurth, fit de sa vie « un carnaval continuel » et voulut retenir les chaînes de la superstition du moyen âge, qui se brisaient d'elles-mêmes et que la raison secouait. Libéralement égoïste, c'était sa satisfaction qu'il recherchait dans sa libéralité. Il vendit scandaleusement ses indulgences, et.

tirant imprudemment un lien vieilli, il brisa lui-même le joug de la raison soumise à la foi.

CHAPITRE XIII.

Nous voici devant une noble et belle figure.
et tant le respect des générations a été mani-
feste, qu'on est saisi soi-même de respect et de
vénération devant elle . et on a besoin de se
reposer un peu avant de se rendre compte de
ses agitations. Le voyageur, avant d'entrer dans
la cité, secoue la poussière de ses pieds et se
délasse un instant. Nous entrons dans la cité
des beaux-arts , nous gravissons les marches du
temple : voyageur aussi, reprenons force et volonté.

Ce fut un admirable artiste que ce jeune homme d'Urbin, auquel on donna le nom de Raphaël, et dont le père se nommait Sanzio. Il naquit le vendredi saint de l'année 1483 ; sa mère le nourrit elle-même, et son père fut son premier maître. A lui l'affabilité, la beauté, la grâce ; à Michel-Ange, la sublimité terrible, austère. Et ces deux hommes furent contemporains et triomphateurs tous les deux. La nature se reposa après les avoir enfantés, et les hommes se courbèrent sous l'ascendant de leur génie. Quand le jeune Sanzio passait par les rues de Rome, il était environné de sa légion d'élèves, et il passait comme passerait un roi.

Il y a quelque chose de touchant à suivre la première jeunesse de Raphaël. Son père, craignant, dit son biographe, qu'il ne contractât des habitudes basses et grossières, ne voulut pas le confier aux mains d'une étrangère ; il désira que sa mère le nourrît et que, dès les premiers instants de sa vie, il s'accoutumât aux mœurs paternelles. La mère aima tendrement son enfant, et Raphaël se souvint toujours avec bonheur

de sa mère. Alors, dans l'atelier de la famille,
a lieu la première initiation aux arts ; l'enfant
prend sa part aux travaux confiés au Sanzio, et
bientôt il surpassa ce premier maître.

Son père songeait à en faire un grand artiste,
et il alla rendre visite au Pérugin pour savoir
s'il ne consentirait pas à le recevoir dans son
atelier. Le Pérugin consentit. La mère pleura
en quittant son Raphaël ; mais l'enfant commençait son pèlerinage de gloire, et se mettant à
l'œuvre aussitôt arrivé, le peintre des madones
fit un premier ouvrage de souvenirs et d'émotions conservés du foyer : c'est Jésus couron-
nant sa mère ; les douze apôtres contemplent sa
gloire, debout, près du sépulcre vide.

Il s'attache à imiter le maître.

On ne peut distinguer leurs œuvres.

Raphaël n'a pas d'enfance dans l'art ; il va à
pas de géant. Avide de science, impatient de
savoir et d'agir, comme s'il avait pressenti que
sa vie lui échapperait jeune, il n'a point de
jeunesse, et chacune de ses journées se compte
par un chef-d'œuvre. Sorti de l'école du Pérugin.

nous le voyons à Sienne étudier le fameux groupe de chevaux du Vinci et les dessins plus admirables du Buonarroti.

La fièvre le pousse.

Il part pour Florence.

Sa réputation l'y précède. Le vieux Taddeo Taddei lui offre sa table, sa maison ; Ridolfo Ghirlandaj, Aristotile San-Gallo, leur amitié, et Raphaël paie l'amitié et l'hospitalité par des ouvrages immortels.

Nouvelle phase ici de son talent.

La douleur vient un instant paralyser sa fécondité : sa mère, qu'il aimait, qui eût été si fière de voir ses succès, lui est emportée par la mort. Il revient à Urbin ; donne à son âme la part de sa douleur ; à ses affaires domestiques, leur part de soins, et par Pérouse se relance de nouveau vers la cité florentine.

Là son cœur battait plus violemment ; son intelligence s'y trouvait plus forte. C'est que pour composer, il faut ou la paix de la solitude, ou la poussière et le bruit des grandes villes. Florence était la ville des joies et des arts.

Masaccio, Léonard, Michel-Ange, voilà ses maîtres. A travers le cloître, Bartolommeo lui tend la main. Les deux amis se font un enseignement mutuel : le solitaire l'initie aux secrets du coloris ; lui initie le moine aux secrets de la perspective.

Heureux génies ; plus heureux cœurs.

Jusqu'à ce moment, le travail de Raphaël est essentiellement religieux. Le couvent, l'Église, voilà son inspiration, son atelier.

La foi dirigeait et fortifiait son pinceau. C'était le sentimentalisme religieux.

En rentrant chez lui un soir, il trouve sur la table un billet. Le Bramante, d'Urbin, architecte du pape Jules II, lui écrivait que « sa sainteté voulait l'employer à peindre une salle du Vatican. »

La joie au cœur, il abandonne tout.

Il est à Rome. A l'œuvre, jeune homme ; point de retard.

Le souvenir des anciens renaissait en ce moment. L'école d'Athènes se remuait dans le linceul où elle avait été ensevelie. Les manuscrits sortaient des couvents : l'imprimerie était là. Le monde, attentif, réveillé aux cris des beaux-arts, réveillait à son tour dans leur poussière les chefs-d'œuvre littéraires des anciens.

C'est une de ces idées populaires que Raphaël représenta.

Qui serait passé dans la salle de la Segnatura aurait vu représenté l'Accord de la Théologie avec la Philosophie et l'Astrologie :

« Dans cette composition, dit Vasari, tous les savants du monde sont réunis et argumentent entre eux. Les uns, placés à l'écart, ont tracé des figures de géomancie et d'astrologie sur des tablettes que des anges portent aux évangélistes, qui les expliquent. Diogène, avec son écuelle posée près de lui, les vêtements en désordre, la figure pensive et réfléchie, est couché sur des degrés ; Aristote, Platon sont entourés de leurs nombreux élèves ; des astrologues, des géomètres tracent sur des tables leurs mystérieux symboles. Parmi eux, sous la figure d'un beau jeune homme, se trouve Frédéric II, duc de Mantoue, alors à Rome. On dit que sa figure est celle du Bramante.

Près de Zoroastre, portant le globe élémentaire, Raphaël s'est peint lui-même à l'aide d'un miroir. Sa tête, couverte d'une barrette noire, est affable, gracieuse et ravissante de jeunesse et de modestie. Il serait impossible d'exprimer la beauté mâle et bienveillante que le peintre a su donner aux évangélistes, dont les traits sont en outre empreints de ce caractère grave et recueilli, si naturel aux hommes de pensée. Enfin, derrière saint Mathieu, occupé à transcrire sur un livre les caractères tracés sur des tablettes soutenues par un ange, un vieillard ayant un manuscrit sur les genoux, copie tout ce que le saint vient d'écrire ; attentif, malgré sa position gênante, il semble remuer les lèvres et tourner la tête selon qu'il conduit sa plume. »

Dès ce pas, Raphaël a conquis l'admiration du pape. Les ouvrages des autres peintres tombent à bas : il doit tout remplacer.

En ce moment de grandes sensations, ce n'était pas seulement aux anciens que le Sanzio allait s'attacher : le passé, le moyen âge s'élevaient à sa voix. Le poète, dans l'âme duquel passaient toutes les émotions et luttes terribles des hommes, allait vivre à jamais sous son pinceau.

Sur un autre pan de muraille, sont autour des Muses et d'Apollon Ovide, Virgile, Ennius, Catulle, Properce, Homère, Sapho, Dante, Pétrarque, Boccace, Tibaldeo. Raphaël, peignit d'après nature ses contemporains, et se servit des médailles et des statues pour ranimer les illustres hommes de l'antiquité.

Puis vient la Dispute du Saint-Sacrement, ou la Messe ;

Dire l'Histoire.

Enfin, il peignit les fameuses lois des Décrétales : Jules II, Jean de Médicis, plus tard Léon X, et Alexandre Farnèse ou Paul III sont dans ce tableau. En 1511, il est terminé. Louis XII était alors en France.

Ici se forme une nouvelle phase du talent du Sanzio. Ses figures n'avaient pas encore la sublimité et la noblesse qu'il leur imprima depuis. Elles étaient belles et grandes sans doute ; mais il fallait un nouvel éclair qui descendît dans son âme inspirée : un nouveau rayon parti du front de

Michel-Ange pour allumer et faire jaillir une plus étincelante clarté à ce grand génie.

Michel-Ange, en ces jours-là, avait été obligé de s'enfuir de Florence.

En passant sur des échafaudages et les secouant, il avait involontairement causé une grande frayeur au pape ; craignant sa colère, il s'était mis à couvert en s'évadant de Rome.

Le Bramante avait les clefs de la chapelle où il travaillait. Il y introduisit son ami Raphaël, afin qu'il pût saisir la manière de Michel-Ange. Le jeune homme vit et effaça un prophète Isaïe qu'il avait commencé. Il avait ravi à son rival sa plus large et plus majestueuse manière. Voir pour le génie, c'est avoir médité.

Il y avait une grande question qui agitait et tourmentait les consciences : Jésus est-il présent dans l'eucharistie, ne l'est-il pas ? Voilà ce que l'on se demandait. L'incrédulité, d'une part, naissait ; le fanatisme, de l'autre. La peinture est l'expression des sentiments populaires. Raphaël ne pouvait pas oublier la légende miraculeuse du Corporal d'Orvietto. Un prêtre dit la messe. La honte pourpre son visage en voyant l'hostie ensanglanter le corporal. Son incrédulité confondue l'a jeté hors de lui ; ses yeux sont hagards, remplis de confusion ; le mouvement de ses mains est convulsif ; les assistants sont saisis d'effroi ; et, dans le bas, une femme curieuse écoute avec une grâce et une vivacité merveilleuses ce que lui dit une de ses compagnes.

Les chefs-d'œuvre se multiplient. C'est saint Pierre délivré des liens ; c'est Jules II chassant l'Avarice du temple ; c'est l'Échelle de Jacob, le Buisson ardent de Moïse ; Attila, rebroussant chemin à la parole inspirée de saint Léon ; sainte Cécile, écoutant avec un ravissement profond l'harmonie céleste :

« Il n'y a plus de nom pour ces chefs-d'œure. dit le Vasari, où l'on voit frémir les chairs, itre les poitrines, vibrer les artères comme s la nature même. Il faut en inventer un e. »

ules II meurt.

Léon X succède.

La fortune de Raphaël s'élevait avec sa gloire. Il se bâtit un palais, et le Bramante en dirigea la construction.

Les tempêtes respectèrent les œuvres du grand enfant d'Urbin. Il avait terminé un portement de croix pour un couvent de Palerme. Le vaisseau qui le portait fut assailli par une tourmente : il s'ouvrit en donnant contre un écueil ; tout périt, hommes et marchandises ; seul, le tableau échappa au danger. Des pêcheurs le trouvèrent intact sur le rivage ; la caisse n'avait pas été endommagée : « Les ondes, dit Vasari, avaient respecté sa divine beauté. »

Passons à travers les chefs-d'œuvre des salles du Vatican et arrêtons-nous devant un nouvel ouvrage du Sanzio, son tableau de l'Incendie du Borgo-Vecchio :

« Le feu prit hier pendant la nuit, dans la place de Saint-Pierre, à côté du Vatican. Il prit à l'heure où les vieillards et les enfants dorment déjà, mais où les malheureux et les mères veillent encore.

« Jamais incendie n'a été plus furieux : il a

menacé de consumer Rome. Irrité par un vent impétueux, il s'enflamma tout à coup. La nuit la plus sombre semblait éclairer de ses ténèbres cet incendie.

« Quels tableaux ont brillé affreusement à sa clarté ! Je vois tout, j'entends tout. Les cris des mères déchirent encore mes entrailles.

« J'avais passé la soirée dans les environs du Vatican ; je m'en revenais chez moi, à la place d'Espagne. En entrant dans celle de Saint-Pierre, j'aperçois des flammes qui, s'élançant des toits du pauvre, qu'elles avaient déjà dévorés, montaient le long de vingt colonnes de marbre au sommet du Vatican.

« J'étais seul ; je l'avoue, me croyant à un magnifique spectacle, je jouissais. Mais, dans le moment, il passa à vingt pas de moi un jeune homme qui portait un vieillard sur ses épaules. A la manière dont ce jeune homme regardait autour de lui, sondait sous ses pas la route, prenait garde de secouer en marchant le vieillard, je vis bien qu'il portait son père. Ce vieillard, arraché inopinément au sommeil et à la flamme, ne sachant où il est, d'où il vient, où il va, ce qui se passe, s'abandonnait : cependant un jeune enfant les précède, qui, tout troublé, de temps en temps les regarde ; une femme, vieille, presque nue, l'air indifférent, emportant les vêtements du vieillard, marchait derrière.

« Je les suivais d'un œil attendri, lorsque je vis, à peu de distance, un autre jeune homme qui, tout nu, pressé de la flamme qui le suivait, les mains attachées en dehors à une fenêtre embrasée, et pendant de tout son corps le long de la muraille, choisissait de l'œil, sur le pavé, l'endroit le moins périlleux pour y tomber.

« Le vrai jour pour voir tout le cœur d'une mère, c'est bien la clarté d'un incendie ! Comme du haut d'une terrasse, cette femme tendait à son mari, qui était en bas, le cher gage de leur union ! Elle s'avançait, elle se penchait encore ; l'enfant tenait toujours dans ses bras, ou à son sein, ou à ses lèvres ; mais enfin, entre les bras étendus de cette mère et les bras étendus

de ce père, l'enfant endormi dans son berceau...
J'ai détourné les yeux et j'ai fui.

« J'avais déjà traversé la place. Je rencontre,
se sauvant d'un palais embrasé, toute parée encore et en larmes, vêtue d'habits magnifiques,
et tenant par la main devant elle deux enfants
nus, une femme grande, d'une beauté et d'une
taille majestueuses. Le plus petit de ces enfants,
en regardant crier et pleurer sa mère, criait et
pleurait aussi. La sœur, d'une figure charmante,
transie de froid, tâchait de vêtir et même de
voiler son jeune et tendre corps de ses bras et
de ses mains pudiques. Malheureuse mère ! il
lui manquait sûrement un enfant ; elle en tenait deux par la main, et elle pleurait.

« Cependant, vieillards, enfants, soldats, prêtres, riches, pauvres, la foule incessamment
s'amoncelle ; elle roulait d'un bout de la place
à l'autre, comme une mer agitée par la tempête. On entre dans l'église de Saint-Pierre, on
en sort, on y rentre, on se précipite, on tombe.
J'ai vu passer à côté de moi, emportée par quatre soldats, sur des sabres croisés, une jeune

fille évanouie. Elle était belle. La clarté de l'incendie flottait sur son front pâle ; elle brillait
dans des larmes échappées de sa paupière et
arrêtées sur ses joues.

« Mais dans toute cette scène effroyable, ce
qui me causait le plus d'horreur, c'était, dans
les intervalles où le vent se taisait, le silence.
Alors il en sortait de toutes parts des soupirs
étouffés, des gémissements profonds, le bruis-
sement de la flamme qui dévore, le fracas des
édifices qui, de moment en moment, croulent ;
les cris des mères.

« Je sortais enfin de la place. Soudain, à une
fenêtre du Vatican, à côté même de la flamme,
voilà une croix, voilà des prêtres, voilà, en
habits pontificaux, le souverain pontife.

« La foule à l'instant pousse un cri, à l'instant est à genoux ; à l'instant le pontife est environné dans les airs de cent mille regards en
larmes et de vingt mille bras en prière. Le pontife
lève les yeux au ciel, et il prie..... Le peuple
baisse les yeux à terre, et il prie... Figurez-vous.
murmurant comme de concert, dans ce profond et

religieux silence, l'ouragan, l'incendie et la prière.

« Comment rendre un tableau qui s'est offert en ce moment à mes regards ?

« Sur une des marches de l'Église, seule, isolée, une mère pressait de ses mains les petites mains de son enfant à genoux à côté d'elle, les joignait avec complaisance et les mettait en prière. Derrière eux, une jeune fille, les cheveux épars, éplorée, debout, tendait vers le pontife, de toute sa douleur (et, sans doute, de tout son amour), les mains les plus pathétiques, tandis qu'aux pieds de cette jeune fille, au contraire, assise le dos tourné au Vatican et au pontife, ne pleurant point, ne priant point, une femme, d'un air étonné, la regardait. Son enfant, en effet, jouait dans son sein.

« Cependant le pontife a prié ; il se lève : le peuple, dans une attente inexprimable, le regardait.

« Alors, d'une voix pleine d'espérance et le front calme, le pontife répand sur la foule prosternée les paroles religieuses qui la bénissent. Soudain, soit miracle, soit comme par miracle, les derniers mots de la bénédiction étaient encore dans les airs, les vents n'étaient plus dans les airs, la flamme retombe sur la flamme ; la fumée en noirs tourbillons s'élève, enveloppe l'incendie, l'étouffe, et rend à la nuit toutes ses ténèbres.

« Ah ! que ce tableau de Raphaël, que l'on voit au Vatican, est admirable ! » (Dupaty.)

Le cadre que nous nous sommes tracé nous défend d'énumérer tous les chefs-d'œuvre de Raphaël ; d'ailleurs, assez d'autres l'ont fait. Travaillant pour les particuliers et les rois, il donnait des dessins d'escaliers, des plans de palais, et trouvait du temps encore pour ses plaisirs. Une heure ne fut pas perdue dans la vie de cet homme. Près de lui, souvent, dans son atelier, dans l'endroit où il agissait, demeura la femme qu'il aimait. Ne lui donnait-elle pas l'inspiration dont à chaque moment il avait besoin ? Qu'on travaille bien quand le cœur est heureux !

Par l'ordre de Léon X, il commence la grande salle du Vatican. C'est là que se trouvent les Victoires de Constantin.

Pour Jules de Médicis, il fit la Transfiguration du Christ.

Le Christ est transfiguré sur le mont Thabor ; les onze apôtres attendent son retour au pied de la montagne. On leur amène un jeune possédé, afin que le Christ le délivre lorsqu'il sera descendu. L'enfant se débat au milieu de convulsions terribles. Une femme, la principale figure de ce tableau, attire les regards. « Que celui, dit Vasari, qui veut se représenter le Sauveur resplendissant de l'éclat de sa divinité aille le contempler dans ce chef-d'œuvre ! Le Christ, planant au-dessus de la montagne, est enveloppé d'une vapeur lumineuse qui rejaillit sur Moïse et Élie. Pierre, Jacques et Jean sont prosternés : l'un se jette la face contre terre ; un autre porte sa main devant ses yeux, comme pour se garantir de l'éclat que répand la splendeur de leur maître, qui, vêtu d'une robe plus blanche que la neige, les bras ouverts et la tête élevée, semble manifester l'essence et la divinité des trois personnes. Raphaël rassembla dans la tête du Christ tout ce que son art pouvait enfanter de plus beau et de plus majestueux. Ce fut la dernière et la plus sublime de ses créations. »

A l'apogée de sa gloire, il mourut.

Le Pérugin, Léonard, Michel-Ange, Bartolommeo, voilà ses maîtres ; il se forme une manière de tous.

Imprudent, en ne s'arrêtant pas au sein de la volupté ; mais beau dans les dernières heures de sa vie, lorsqu'il partage sa fortune entre ses élèves, entre un vieux prêtre d'Urbin, son parent ; entre Jules Romain et le Fattore, ses amis.

Mourant pieusement dans l'aveu de ses fautes (1520) ; voulant qu'une statue de la Vierge soit posée sur son tombeau ; et le jour même de sa naissance, le vendredi saint, reportant à Dieu le génie qu'il lui avait donné, après trente-sept ans de vie !

Lorsqu'on l'exposa dans la chambre ardente, salle où il avait coutume de peindre, on plaça derrière sa tête le tableau de la Transfiguration, « et ce contraste, dit Vasari, cette image vivante en regard du corps inanimé de l'artiste, causait une douleur poignante qui déchirait le cœur. »

Ses obsèques furent celles d'un prince.

La géographie ne doit rien faire aux arts. En

parlant de Raphaël, inutile et oiseux de faire des distinctions d'écoles.

Quand Raphaël vint à Florence, il n'avait que vingt et un ans.

Ce qui le distingue, c'est l'universalité de son style. Il n'est pas exclusif, il admet les beautés de chaque école, les instincts, les principes les plus opposés, les absorbe et les résume dans sa puissante individualité. C'est la marque certaine de son génie. L'artiste florentin, au contraire, cherche l'exclusif et la domination en s'éloignant. Lui, « il puise, dit Jeanron, sa modestie, sa dévote naïveté dans l'école paternelle et l'atelier Pérugin. » Dans son adolescence vigoureuse, il emprunte à Sienne ses images riantes et animées ; il achève sa forte virilité à Rome et puise ses admirations enthousiastes devant les chefs-d'œuvre antiques. Il ne refuse rien de son art à personne ; à chaque idée nouvelle il applaudit ; il distribue son travail et ouvre une large carrière ; encourage les essais d'Albert Durer et envoie aux manufactures flamandes ses précieux cartons. « Il déverse sur chacun, dit Jeanron, les trésors de son génie. »

A Rome, sa conception s'élargit : il grandit par la mission qui lui est imposée. Il universalise sa forme et sa pensée. Arrière les dispositions timides et l'austérité de la théologie du Dante! Ce qu'il veut exprimer, c'est l'exubérance du catholicisme romain. Il relie la chaîne des temps, des croyances, des nations; il pousse pêle-mêle les temps anciens et les modernes, la religion païenne et la nouvelle, docteurs de l'Église et sages du paganisme : Zoroastre, Socrate, Aristote, Platon, Diogène, saint Augustin, saint Jérôme, saint Thomas, Scott et Savonarole. Sur le Parnasse, il place Homère et Dante, Virgile et Pétrarque, Ovide et Boccace, Tibulle et Tibaldeo. « Sous le voile du passé, dit Jeanron, il écrit l'histoire présente. Sous les traits de l'impie Héliodore, terrassé par les anges à la prière du grand-prêtre Onias, il stigmatise les barons de l'Église et célèbre la victoire de Jules II. Dans sa Messe de Bolsène, il tonne contre l'Église naissante. Dans sa Délivrance de saint Pierre,

il remercie la Providence, qui a sauvé Léon X
du désastre de Varenne. Dans sa Retraite d'Attila, reculant devant la puissance d'en haut et
devant la majestueuse tranquillité de saint Léon,
il pleure les malheurs de l'Italie, si longtemps
en proie aux Espagnols, aux Français, aux Allemands, et il la rassure aux promesses de paix
et de bonheur apportées par le pape nouveau.
Dans ses Victoires de Constantin et dans son
Sacre de Charlemagne, non-seulement il ouvre et
il ferme les fastes entiers de l'histoire universelle,
pour laquelle il travaille, mais il célèbre encore
l'union des deux pouvoirs et préconise la bonne
intelligence établie, après tant de querelles et
de malheurs, entre le roi de France, François Ier,
et le pape Léon X, dans leur entrevue à Florence. »

Ni les symboles ne sont douteux, ni les allusions voilées. Dans les difficultés, Raphaël trouve
d'incroyables ressources. Rien ne le gêne, et
plus le sujet semble ingrat, plus il est à son
aise. « Il explique, il dévoile, il combat, dit
Jeanron, mais comme l'Apollon antique, sans
laisser voir ni colère ni effort. »

Génie fécondé par le ciel, il coule comme un beau fleuve abondant à sa source, fier et profond de tous les affluents qui lui arrivent et toujours tranquille dans sa marche vers l'Océan.

Ce fut une chaude et vaillante époque que cette renaissance ! L'art était fort parce que la foi était forte. L'Église avait tout abrité : tous la payaient de reconnaissance. Temps de patient labeur et d'inspiration profonde ! Elle donnait la liberté à qui la servait ; l'esclavage ne courbait plus la tête de celui qui travaillait au temple de Dieu : le cerf était libre en touchant à la pierre du monument religieux ! Des institutions fortes de compagnonnage se forment ; l'abbaye reçoit, féconde, abrite tous ces prolétaires affranchis, et fait épanouir au chaud soleil de son asile le génie populaire. Une vaste association surgit et couvre l'Europe : laborieuse et infatigable confrérie, dont le signe est le marteau, « ce vieux emblème du Nord. » Les francs-maçons se constituent ; l'Église leur applaudit et consacre leurs symboles. L'Église, seule et bienfaisante patrie dans ces temps mauvais, protége tout, depuis l'architecte qui élève la coupole hardie jusqu'au brodeur qui orne les vêtements du prêtre. Ainsi, dans les lieux mêmes où il n'y avait pas une pierre, grâce à ces grands ouvriers, il s'élève des basiliques. La peinture sur verre vient jeter ses rosaces étincelantes aux fronts des cathédrales ; la gerbe orientale du soleil tombe en reflets éblouissants de pourpre et de feu sur le pavé des temples ; les merveilles de l'Orient se renouvellent pour ce peuple du Nord, ému, impressionné, enivré ; trouvant, au lieu de son pâle soleil, les merveilleuses et magiques lumières des cieux du Levant.

Et d'où vient cet art si patient, si ingrat de la peinture sur verre? N'est-ce pas dans les cloîtres qu'il s'est formé? n'est-ce pas l'homme de la foi, l'homme du monastère, le moine? Et qu'était-ce que Guglielmo da Marcilla? et quel est le beau temps de l'architecture ogivale, de la peinture sur verre? N'est-ce pas le règne de saint Louis? Alors on voit, au retour des dernières croisades, l'art gothique, ayant atteint toute sa

plénitude, marquer à la fois, par une multitude
de chefs-d'œuvre, sa force et sa virginité. Le
symbolisme chrétien est dans toute sa magnificence : double sanctification et de l'art et de la
royauté ! L'art s'élargit; la peinture repoussa la
peinture sur verre. Bernard de Palissy, cet héroïque ouvrier, *vit, les larmes aux yeux, l'art
dépérir, et a vu les vitraux repoussés de Notre-
Dame, parce qu'ils obstruaient les reflets du jour.*
Mais c'est que déjà il y a en ce moment la lutte
de la foi et de la raison (1560) : c'est que les
guerres de religion désolaient l'ouest et le midi
de la France ; c'est que c'était le règne de Henri III ;
c'est que l'hérésie et la foi étaient aux prises ;
c'est que le fanatisme hurlait et ne pardonnait
pas ; c'est que nous étions à la fin du seizième
siècle, et que le beau temps de la foi s'évanouissait.

A Rome, au commencement du seizième siècle,
il n'y a plus un peintre sur verre.

Le génie chrétien a autant fait pour l'art que le
génie antique.

C'est un beau temps que celui où, dans les arts

comme dans les littératures , tout est remis en question ; où l'intelligence peut donner sa mesure et sa force en toutes choses.

CHAPITRE XIV.

L'histoire de la peinture est l'école du courage
et de l'héroïsme. On a peine à la traverser sans
s'arrêter pour applaudir des mains à ces nobles enfants qui ont supporté le malheur et qui ont donné
le beau spectacle de la résignation et de l'espérance. Devant ces grands exemples, on fouille
dans sa vie, et si soi-même on s'est débattu dans la
misère, l'œil toujours tourné vers l'arc-en-ciel de
l'avenir, on se prend à s'estimer davantage, et la
conscience vous dit : « C'est bien ! et toi aussi

tu as eu du courage ! » Un grand courage est à la dignité humaine ce qu'est le génie à la raison. Il y a deux belles luttes dans la vie : celle morale et celle intellectuelle. Qui oserait donner la préférence à celle-ci pour l'ôter à celle-là ?

Baldassare Peruzzi traversa les privations, les misères et les malheurs de sa vie, la paix dans le cœur et un sourire sur le front. Son père, noble citoyen de Florence, chassé par les troubles de sa ville, se réfugie à Volterre, s'y marie, et, dans un jour de repos, Baldassare vient à la vie (1481 ou 1482). Volterre est mise à feu et à sang ; Antonio perd sa fortune ; il se retire à Sienne, et c'est là que le jeune Baldassare fait l'apprentissage de la pauvreté. Le père mourut. Le jeune homme avait une mère, une sœur. Heureux, le produit de ses tableaux subvint à leurs besoins. Quelle ardeur ne devait-il pas puiser dans son dévouement de fils et de frère !

Il s'échappa jusqu'à Volterre, vieux séjour, où des images de douleurs durent repasser devant ses yeux : n'y retrouva-t-il pas les souvenirs de la fortune détruite de son père ? Baldassare

Peruzzi oublia les jours heureux, ou ne voulut pas y penser. Les cœurs généreux, d'ailleurs, ne regrettent point pour eux les fortunes perdues. Conduit par un sien ami, peintre au service d'Alexandre VI, il va à Rome. La mort du pape le frappe dans ses espérances, il entre dans un humble atelier :

« Fais une madone, » lui dit le maître en plaçant devant lui une toile blanche, mais ne lui donnant ni carton ni dessin.

Le jeune artiste prit un charbon, dessina sur-le-champ d'une main sûre une gracieuse figure, et, peu de jours après, il avait achevé sa madone. L'admiration fut générale. Sa réputation, dès lors, fut commencée.

Un compatriote, Agostino Ghigi, encourage son talent, lui procure les moyens de se livrer à l'étude de l'architecture. En rivalité du Bramante, le Peruzzi marche à grands pas, et certes il lui fallait des forces pour ne pas trop se laisser dépasser par ce constructeur de Saint-Pierre. La perspective lui devient familière ; impatient, il ne veut rien ignorer de ce qui peut servir son talent : il fallait bien que sa réputation se propageât. Jules II l'emploie, et, en l'employant, lui fait comprendre la force de son talent. Mais c'est dans le modèle du palais d'Agostino Ghigi que devient forte sa renommée : « d'une grâce, d'une élégance si parfaites, dit Vasari, qu'on le croirait créé par la main de Dieu. » Les ornements en perspective qu'il y fit exercent un tel prestige, que des artistes ont cru qu'ils étaient en relief, et que le Titien refusait de les prendre pour des peintures. Fra Sebastiano, de Venise, et le Sanzio travaillèrent à ce palais.

Le Peruzzi met au service du peuple son talent pour les fêtes et les réjouissances qu'il donne en l'honneur de Julien de Médicis. Il exécute une décoration de théâtre qui excite l'admiration générale. Bologne le surnomme l'*Artiste des brillants souvenirs*. Les Siennois l'appellent pour fortifier leur ville, et Sienne est fortifiée. Léon X le prépose à la construction de Saint-Pierre; il reprend en sous-œuvre l'ouvrage du Bramante et le consolide. La grandeur des masses et la fai-

blesse des points d'appui effrayaient le pape :
Baldassare présente un nouveau modèle, et toutes
les craintes sont dissipées.

« Le Peruzzi, dit Vasari, était doué d'une telle
intelligence, que tous ses ouvrages semblent dé-
fier toute rivalité. »

Machiniste, décorateur, il s'ingénie encore pour
la représentation de *la Calandre*, première co-
médie écrite en prose en Italie. Cet art de décoration était tombé en désuétude ; les représentations dramatiques avaient été remplacées par
des fêtes populaires et carnavalesques. Il fut le
modèle et le régulateur de l'appareil scénique.

On s'étonne et on a peine à s'imaginer « avec
quelle habileté il sut représenter, dit son biographe, dans un espace si resserré, tant de rues,
de palais, de temples, de portiques, d'entable-
ments et de profils, et tout cela d'une telle
vérité, qu'on croyait voir des objets réels et
qu'on se trouvait comme transporté au milieu
d'une place véritable, tant l'illusion était parfaite. »

A l'élévation du pape Clément VII, nous retrouvons Baldassare chargé de tout l'appareil du couronnement.

Vint l'année 1527. Je transcris son biographe : « Dans le sac cruel de Rome, Baldassare fut fait prisonnier par les Espagnols, et non-seulement, il y perdit tout son avoir, mais il eut encore à subir toutes sortes d'outrages et de mauvais traitements. Sa physionomie, à la fois noble et sérieuse, le fit prendre pour quelque haut prélat déguisé, ou au moins pour un homme bon à mettre à contribution. Mais enfin, ces barbares impies, ayant vu qu'il était peintre, le forcèrent à faire le portrait de Bourbon, cet infâme capitaine, ennemi juré de Dieu et des hommes. Après avoir échappé à ce prix à la fureur des Espagnols, il s'embarqua pour Porto-Ercole, d'où il gagait Sienne, lorsque, sur la route, il fut pris de nouveau et si complétement dépouillé, qu'il arriva à Sienne en chemise ; mais il y trouva des amis qui s'empressèrent de le secourir, et bientôt il fut employé à rachever les fortifications de Sienne. »

Clément VII, durant le siége de Florence, veut

l'employer comme ingénieur ; il refuse. Plus tard, il revint à Rome ; Clément lui pardonna. Au milieu de ses nombreux travaux , il s'occupe d'astrologie (c'était la fureur de l'époque) , de mathématiques et d'autres études savantes. Il commence un livre des *Antiquités de Rome* et des *Commentaires sur Vitruve ;* donne des dessins de palais, d'églises, de monuments ; remplit d'immenses travaux et meurt dans la pauvreté. Délicat et timide , il ne demanda pas, et on ne le récompensa pas. A peine Paul III lui envoie un faible secours à son lit de mort. Un malheureux hâta sa dernière heure pour jouir de la modique pension qu'il avait tirée de ses travaux de Saint-Pierre. Son regret fut pour ses enfants.

A raison des grandes traverses de sa vie, cet homme ne put jamais développer son admirable talent. Mal payé toujours, il ne put que faire preuve de sa probité, de sa noble et loyale vertu, de sa sereine résignation. Quels troubles , quelles anxiétés, quelles angoisses de cœur ne nous eût-il pas fait connaître , si lui-même nous eût laissé la légende de sa vie ! Dans cette nombreuse liste de peintres intéressants , y en a-t-il beaucoup de sa taille et de sa trempe ? Comment allier à tant de chagrins tant de quiétude de visage , à tant de dérangements tant d'études ? Mais il n'y a rien d'impossible pour qui a une grande conviction au cœur ! L'enfant du pâtre travaille derrière la charrue du laboureur ; Jean-Jacques s'instruit au milieu de ses courses de domestique ; la Ramée , en écoutant aux portes des classes ; Amyot , la nuit , en étudiant à la lueur des charbons ardents. Si l'on pouvait raconter toutes les anecdotes de la vie de cet homme, comme on sympathiserait avec lui ! Sa vie est pleine de secousses ; ses œuvres sont pleines d'harmonie. Il a beaucoup souffert , et il n'y a pas un de ses ouvrages qui témoigne de sa haine. Cet homme lutte , et il n'a pas une de ces indignations du Dante , qui stigmatise ses ennemis ; pas une de ces colères du Benvenuto, du Torrigiano , si commune , si populaire en son temps. Il meurt de misère , souffrant , empoisonné , et il ne maudit pas ! Une larme seulement pour sa famille, et l'homme dépose sa mortelle dépouille. Adrien VI, ce prêtre flamand, qui déteste les arts, lui ôte sa pension, qu'il touchait pour suivre l'achèvement de Saint-Pierre ; il manque mourir de faim, et, confiant, il attend de meilleurs jours. Et savez-vous combien cet homme, qui était un des premiers artistes de son époque, avait pour conduire les travaux de la cathédrale de Sienne ? Trente écus par an ! Voilà cette vie heureuse, cette vie des douleurs et des lassitudes incroyables de l'âme ! Près de perdre sa dernière force de corps, il dictait encore avec paix à Serlio, son illustre élève, sa belle Théorie de l'architecture, ses Leçons de mathématiques, de cosmographie, d'astronomie.

Où puisait-il donc sa force ? si ce n'est dans sa vertu.

Tardif honneur ! après sa mort, on plaça son tombeau dans le Panthéon, à côté de celui de Raphaël, et ce furent les artistes qui réclamèrent cette justice. « Que n'a-t-il vécu au temps des fameux artistes de l'antiquité ! » écrivirentils sur sa tombe. Grand hommage, si l'on n'oublie pas qu'en ce temps-là l'amour pour les anciens était un culte. Lutte impassible que celle de cet homme, physionomie imposante et dont le type n'était pas de cet âge.

Baldassare fut un talent universel. Tout ce qu'il savait lui servait ; toutes ses connaissances se résumèrent toujours dans sa personnalité.

« Dans toutes ses œuvres, dit Jeanron, il existe un grand cachet de perfection, et la plus petite maison bâtie sur un de ses dessins a un air monumental. »

Comme peintre, cet homme n'a point de maître ; il se forme comme s'est formé le Corrége. Avec le Bramante, il suggère à Jules II d'appeler Raphaël à Rome. Il ne l'eut donc pas pour maître ; mais quand il travaille avec lui, il harmonise avec modestie et sagesse sa composition avec celle de Raphaël, dans le palais d'Augustin Ghigi, leur ami commun. En cela il montre sa force ; il ne vise point à l'originalité. Mais donnez-lui le champ libre, ouvrez carrière à son imagination, et sa brosse puissante fera saillir de front des figures que le Titien s'obstinera à prendre pour des statues. Les peintres disent que dans ses œuvres « il y avait beaucoup de majesté dans la forme et d'enthousiasme dans l'expression. »

Il agrandit le genre des grotesques, c'est-à-dire la partie capricieuse et ornementale des temples et des palais. Son instruction variée le servait bien dans cette sphère.

Grand peintre, il fut grand architecte. Paisible à l'ombre du Bramante, ce n'est point dans une œuvre gigantesque comme Saint-Pierre qu'il se révèle ; trop modeste pour des travaux si hardis, il ramasse pour ainsi dire ce que dédaigne son fier antagoniste. Mais dans son palais de la Farnesina à Rome, il déploie dans un petit espace le plus vaste génie. « Le palais Massini est une de ses gloires, » dit Jeanron. Son champ était petit, mais il le fertilisait doublement. La Pouille, les Abbruzzes, le Milanais, Naples, Ferrare sont remplis des œuvres de cet homme : palais, citadelles, châteaux, villas, murailles de forteresses, l'architecte faisait tout, et ce couvent de Saint-Onofrio, qui devait recueillir la touchante folie du Tasse.

Cet homme fit aussi un plan de Saint-Pierre, et Baldassare s'est tenu à la hauteur du Bramante et du Buonarroti.

Raphaël avait laissé sa fragile dépouille, mais il vivait encore. Giulio Pippi, ou Jules Romain (1492-1546), avait ramassé le pinceau de son ami, et recueillant son héritage d'artiste, il avait conservé quelque chose de l'inspiration du grand peintre d'Urbin. L'imagination de Jules était vaste; le plus aimé de Raphaël, il fut aussi le premier de ses élèves. Sa touche est énergique, souvent brutale. Humeur rieuse et caractère aimable, où le Sanzio aimait à se reposer. Que d'enseignements Jules puisa dans cette féconde amitié ! François Ier aima beaucoup ses ouvrages.

Léon X mourut. Sous Adrien, chôment les artistes. Clément VII vient après lui. Les beaux-arts reprennent vigueur : la sève n'était pas tarie.

La fougue de Jules tombait vite. Il lui fallait

des auxiliaires : sa Fuite de Maxence , son Baptême de Constantin.

Oublions ses travaux de Rome et suivons-le à Mantoue.

Il faut voir avec quelle bienveillance empressée le marquis Frédéric de Mantoue l'accueille :

« Le marquis le combla de caresses , dit Vasari , lui accorda une maison magnifiquement meublée , une forte pension et la table pour lui , pour un sien élève et un autre jeune homme qui était à son service. Le marquis lui envoya en outre du velours , du satin et d'autres riches étoffes ; puis, songeant qu'il n'avait point de monture, il se fit amener son cheval favori, nommé Ruggieri , et le lui donna. Ensuite il le mène hors de la ville, et. causant avec lui, il lui indique l'endroit où il a résolu d'élever une habitation commode , un palais. »

Bientôt le palais surgit de terre. A l'intérieur, il entassa dans ses peintures une série d'événements mythologiques : c'est un nouveau bouclier d'Hercule. ce symbole des misères humaines . un pandémonium où . d'un côté , se

voient les joies exubérantes de la jeunesse, de
la vie, et, de l'autre, les sacriléges tentatives,
les géants amoncelant les montagnes pour l'escalade du ciel ; cette première et terrible image,
cet austère enseignement qu'Hésiode donna au
paganisme de l'impiété foudroyée. C'était là une
conception neuve : l'art sortait de la légende,
de l'Église, de la Bible. Raphaël unissait l'antiquité et le moyen âge savant : Homère, Virgile, le Dante ; Jules Romain s'émancipait plus
encore ; le monde avait fait un pas : d'un côté,
la religion attaquée et défendue ; de l'autre,
l'étude des anciens renaissait.

Toujours folles pour les plaisirs, les fêtes,
les joûtes, les tournois, les républiques italiennes se seraient bien gardées de laisser passer l'arrivée d'un prince sans mettre à contribution le génie de leurs artistes pour lui
donner quelques représentations. Ce n'est pas
aux rois que le peuple donne des fêtes, mais
à lui-même, en réalité. Un jour, Charles-Quint
passa à Mantoue, qu'il érigea en duché ; Jules
fit des arcs de triomphe, des décorations de

théâtre : « Personne , dit son chroniqueur, n'arrangeait mieux des mascarades et n'inventait mieux des costumes extraordinaires pour les représentations. »

Maître de Mantoue, grâce à l'amitié du duc, préfet des eaux, surintendant des bâtiments, Jules, dont l'esprit actif, entreprenant, ne pouvait laisser dormir une idée, voulut remuer, changer, métamorphoser la ville. Sale et fangeuse, elle devint propre et salubre : chapelles, jardins, maisons, façades, Jules lui donna tous ses embellissements. Les eaux s'étaient échappées du fleuve : il fait élever les digues du Pô et rentrer les eaux dans leur lit. Mais est-il possible de faire le bien général sans froisser des intérêts privés ; de réussir, sans soulever les jalousies haineuses? Vinrent des plaintes, puis des menaces. Le prince, qui avait appelé Jules Romain, imposa son autorité et soutint son architecte.

En ce moment (1526), Jean de Médicis, père de Cosme de Médicis, appelé Jean des Bandes-Noires et surnommé par les Allemands le Grand-

Diable, fut blessé d'un coup de mousquet et transporté à Mantoue, où il mourut. Jules fit son portrait : un tableau où l'on représente des prisonniers que l'on torture.

Jules Romain était plein de gaieté, de vivacité, élégant, sobre, plein de prévenance et d'affabilité.

« Je ne l'avais jamais vu, dit Vasari, mais j'avais entretenu une correspondance avec lui. Arrivant un jour à Mantoue, je le rencontrai dans les rues, et nous nous reconnûmes aussitôt. Jules ne me quitta plus durant mon séjour, et il n'est sorte de prévenances, de délicatesses qu'il n'eut pour moi et de services qu'il n'eût voulu me rendre. »

Cependant Antoine de Saint-Gall était mort, et Saint-Pierre n'était pas achevé. Jules fut prié de continuer. C'était une favorable circonstance pour rentrer dans sa patrie. Sa femme, ses amis, ses parents le retinrent. Il serait parti. mais la maladie le retenait au lit. Il mourut, laissant un fils auquel il donna le nom de Raphaël en souvenir de son maître. Ce fils mourut après lui ; sa femme le suivit. Une jeune fille resta pour entendre encore les louanges de son père.

Mantoue conserva ses restes (1546) ; Mantoue, la patrie de Virgile ; Mantoue, célèbre par les Gonzaga.

Jules fut essentiellement un homme d'action. « Sa vie marche au pas de course. » Ses travaux sont innombrables ; ses entreprises. infiniment variées. Quand Raphaël était appuyé par de semblables hommes, faut-il s'étonner de ses immenses travaux ! Jules évita à Mantoue la corde qu'il avait méritée à Rome pour ses dessins obscènes fournis à Marc-Antoine pour illustrer le livre du licencieux Arétin, mais il s'y conduisit honorablement. Il donna une impulsion solide à l'école mantouane : Jules à Mantoue, c'est Léonard à Milan. Mais le Vinci est méditatif ; Jules est l'homme productif, l'homme qui a besoin de collaborateurs.

« Praticien plus diligent qu'assidu, dit Jeanron, artiste plus entreprenant que convaincu, esprit plus inventif que pénétrant, caractère plus am-

bitieux que volontaire, c'était un homme à qui
il fallait du monde autour de lui, comme il fallait au divin Michel-Ange la solitude. Michel
fabriquait lui-même jusqu'à ses derniers outils,
ne trouvant aucun ouvrier assez habile; Jules
Romain faisait fabriquer à d'autres ses œuvres
les plus belles, trouvant tout artiste assez adroit:
Jules Romain était, à proprement parler, un
entrepreneur de travaux, un machiniste plus
qu'un peintre; et c'est en ce point qu'il se distingua encore de son maître. Les œuvres de
Raphaël sont d'autant plus pures, plus saisis-
santes et plus précieuses, que lui seul y a mis
la main; les œuvres de Jules Romain ont d'autant plus de valeur qu'un grand nombre d'exemplaires a pu y concourir. »

Raphaël fait une tête de madone ou d'enfant
avec amour et bonheur; Jules a hâte d'achever.
Mais aussi quelles ressources ! quels trésors d'i-
magination ! et comme il sait mettre à profit tous
les talents secondaires ! Par lui, l'école de Mantoue devient forte et productive, et il donna
encore à François Iᵉʳ le Primatice.

Le Rosso va porter en France, sous François Ier, son talent et est un des premiers maîtres de l'école française.

CHAPITRE XV.

Il y a des noms qu'on ne peut aborder sans
un profond respect ; ils sont environnés de tant
de prestige, ils sont si retentissants, si populaires, que, sans juger, on demeure en admiration devant eux, comme devant les vieux monuments de foi du moyen âge. Ces noms sont
des jalons dans l'histoire de l'intelligence et de
la civilisation. Ils résument un art, une science,
une époque, et pour les apprécier, les juger, il
faut tant de connaissances ! Parlez de la litté-

rature des vieux enfants d'Hellène , et là-bas ,
sur le seuil de leur existence, vous verrez surgir le nom gigantesque d'Homère. Ici , le Dante;
là , Schakespeare ; là , Goëthe. Dans notre âge ,
Byron ou Châteaubriand. Parlez des beaux-arts ,
et deux noms étincelants , deux noms qui sont
du ciel, échapperont vite comme la pensée sur
vos lèvres : Raphaël et Michel-Ange !

Quoi qu'il m'en coûte, je passerai à vol d'oiseau cette vie de Michel-Ange Buonarroti (1474-
1563). Je m'arrêterai là où je me trouverai plus
impressionné , comme on s'arrête en traversant
la vallée sur ce qui parle le plus aux yeux et
à l'intelligence.

Depuis le Giotto , quelles nobles tentatives on
a faites dans l'architecture ! quelle vigueur l'intelligence humaine a déployée , inspirée qu'elle
était et par l'art et par la foi ! On ne voit
qu'un Saint-Pierre de Rome ; mais combien
de basiliques attirent la curiosité et le culte
du voyageur, et qui sont pleines de la grande
pensée du moyen âge ! Celui qui demandait un
point d'appui pour retourner le monde n'avait-il

pas de puissance ? Et cependant Michel-Ange s'éloigne étonnamment des limites humaines. Jamais conception ne fut si merveilleuse, si gigantesque, si phénoménale !

Un dimanche de l'année 1474, vers la huitième heure de la nuit, au château de Caprèse, dans le Casentino, naquit Michel-Ange, de noble et vertueuse femme et de Lodovico Buonarroti-Simoni, issu de l'ancienne famille des comtes de Canossa,

Le penchant de Michel-Ange était une vocation. Placé chez Francesco d'Urbin pour étudier la grammaire, il employait toutes ses heures de loisir au dessin. Son père, considérant cet art comme une chose vile, indigne de leur maison, maltraitait souvent l'enfant. Il s'était lié avec le jeune Granacci, élève du Ghirlandaj ; et recevant de lui, dans le secret de l'amitié, les modèles du maître, il initiait à l'art son jeune talent. Le Buonarroti sentit qu'il ne pourrait vaincre la vocation impérieuse de son fils, et il le plaça chez le Ghirlandaj. Michel-Ange avait quatorze ans.

C'est avec intérêt qu'on assiste au développement de son génie dans l'atelier du Ghirlandaj. Ce dernier s'absenta un jour de son échafaud à Sainte-Marie-Nouvelle. Le jeune artiste ne voulut pas laisser reposer le pinceau, et il peignit ses camarades, les ustensiles et l'échafaud où travaillait le maître. De retour : « Cet enfant en sait plus que moi ! » s'écria stupéfait le Ghirlandaj. Bientôt on ne distingua plus les ouvrages de l'un ni de l'autre. Il imite avec tant d'habileté, qu'il donne à ses tableaux un ton de vétusté qui empêche de les reconnaître, et jeune, sa réputation est grande déjà.

Bientôt il travaille dans les jardins de Laurent de Médicis, où ce prince avait rassemblé une multitude d'antiques, et s'y fait remarquer de Laurent parmi les autres artistes. Il copiait en marbre une tête de faune, dont le nez et la bouche étaient rongés par le temps. Il n'avait pas encore touché un ciseau, et il suppléa par son imagination à ce qui manquait à l'original : il ouvrit la bouche du faune de façon que l'on apercevait la langue et toutes les dents. Voyant

cela , le prince lui dit : « Tu devrais savoir
qu'il manque toujours quelques dents aux vieillards. »

Laurent parti , Michel-Ange brisa une dent à
son faune et imita dans la gencive jusqu'au vide
qu'elle devait laisser.

Laurent s'amusa de la docilité et de l'ingé-
nuité de l'enfant. Dès ce jour, il résolut de le
protéger :

« Si vous voulez me le confier, disait-il à son
père , je le traiterai comme mon propre fils. »

Buonarroti consentit, et, le soir, Michel-Ange
avait un appartement au palais. L'argent qu'il
recevait du duc était pour son père. Il lui procura un emploi à la douane. (Paroles de Laurent.)

Quatre ans après, en 1492, mourut son protecteur. Mais Michel-Ange n'avait pas cessé son
travail, et sa réputation croissait. C'est à l'age
de vingt ans qu'il tira d'un bloc de marbre son
Combat d'Hercule avec les Centaures. Plusieurs
mois il avait étudié les peintures de Masaccio
qui se trouvent au couvent del Carmine , et

c'est là que le jaloux Torrigiano lui fracassa le nez :

« Buonarroti et moi, dit Torrigiano, allions ensemble, étant enfants, étudier à la chapelle de Masaccio, dans l'église du Mont-Carmel. Il avait l'habitude de se moquer de tous ceux qui dessinaient. Un jour, entre autres, qu'il me taquinait, il me poussa à bout, et je lui donnai un si violent soufflet à poing fermé, que je sentis les cartilages se briser sous le coup, comme si c'eût été une oublie. Je suis sûr qu'il portera toute sa vie la marque que je lui ai faite. »

(*Mémoires de Cellini*, trad. de Feargeasse.)

Ce fut chez son père, et pour faire diversion à la douleur qu'il éprouvait de la mort de Laurent, que Michel-Ange fit son Hercule.

Pierre de Médicis succéda : sa folle administration le fit chasser de Florence.

« J'ai chez moi, disait-il, deux hommes rares : Michel-Ange et un valet espagnol qui à une merveilleuse beauté de corps joint une telle agilité, qu'un cheval lancé à toute bride ne peut le devancer d'un doigt. »

Cependant Lodovico, s'apercevant de l'estime que les grands portaient à son fils, lui donnait des habits plus riches que de coutume. Michel-Ange voyait bien ce qui devait arriver à Pierre ; mais il avait mangé le pain de son père et le sien ; Florence pouvait ne pas le lui pardonner : il partit pour Bologne, puis pour Venise. Mais Venise ne lui offrait aucune espérance de travail. Une loi défendait d'entrer à Bologne sans passeport ; il la viole, est condamné à une amende qu'il ne peut payer, et est sauvé par un membre des seize. Un an, il demeura dans la maison d'Aldovrandi, puis revint à Florence. Il était jeune, et tous ne voulaient point reconnaître son talent. Michel-Ange confondit ses ennemis.

Il avait fait un petit Dieu, haut comme nature, d'une beauté ravissante. Il lui cassa un bras, lui donna une apparence d'antiquité et le fit vendre comme une précieuse trouvaille. On admira beaucoup « le génie de l'antiquité respirant dans cet ouvrage. » C'était à qui trouverait des formules de louange. Michel-Ange laissa dire ; puis il vint et présenta aux nobles possesseurs de ce vieux chef-d'œuvre le bras qu'il avait brisé. Laurent, fils de Pierre-François de Médicis, lui aurait donné ce conseil, selon le Vasari :

« Si tu lui donnais un air de vétusté en l'enterrant, tu l'enverrais à Rome, où il passerait sûrement pour antique, et tu le vendrais beaucoup plus cher qu'ici. »

Il fut vendu cher : deux cents ducats. Mais on reconnut la ruse ; il ne valut plus rien. L'acheteur se crut volé.

Ce petit incident fut utile à la réputation de l'artiste.

De nouveaux chefs-d'œuvre jaillissent sous le ciseau du jeune homme. C'est le groupe du Sauveur expiré et de la Vierge, sur la ceinture de laquelle il grava son nom, jaloux de ses œuvres, que l'ignorance ou la malignité attribuait à d'autres ; c'est son David, « armé de sa fronde la plus belle, » dit Vasari. Un autre David, des statues anciennes et modernes en bronze partaient pour la France et allaient y répandre sa

gloire. Il faisait un tableau « où il peignait,
dit son biographe, la Vierge à genoux, tenant
son fils entre ses bras et le présentant à saint
Joseph. La reine du ciel contemple avec ravissement la beauté de son enfant et invite le saint
vieillard, dont le visage exprime une tendresse
respectueuse, à partager son précieux fardeau. »
L'ouvrage terminé, il l'envoyait à un riche amateur de Florence, en réclamant soixante-dix ducats. On ne veut pas les lui donner. Il en demande cent. On s'offre de lui en donner soixante-
dix. Michel-Ange, irrité, double la somme et
en exige cent quarante. Puget, un jour, brisa
sa statue devant un pareil amateur des arts.

Le jeune artiste était arrivé à cette époque
de la vie où le sang circule plus chaud, plus
actif dans les veines, où la croissance est dans sa
force, où la sève est exubérante, où le génie a
compris ce qu'il peut et se révèle avec audace
et satisfaction. A vingt-neuf ans, il faisait dou-
ter les vieux athlètes de leurs triomphes. Ils se
retournaient et regardaient avec inquiétude derrière eux ce jeune homme à l'œil de feu, au

visage énergique et aux mains qui ne se reposaient pas. Le vieux et solide lutteur alors était Léonard de Vinci à Florence. Il avait pris tout un pan de murailles pour peindre une de ces fières et terribles rivalités des républiques italiennes, si communes au seizième siècle, un combat à outrance, des Milanais se faisant hacher plutôt que d'abandonner un drapeau qu'ils défendent. En face devait travailler Michel-Ange. Ce fut un épisode de la guerre de Pise qu'il choisit. Des soldats se baignent dans l'Arno; soudain le tambour bat; l'ennemi paraît; les baigneurs surpris escaladent la rive ou volent au secours de leurs compagnons qui ont engagé le combat. Jamais les difficultés des nus et des raccourcis n'avaient été abordées avec tant d'audace ni vaincues avec tant de bonheur. Ce carton de la guerre de Pise fut une école ouverte aux artistes qui voulurent s'instruire. Il ne fut jamais peint.

Le défi entre le Vinci et lui était résolu.

Alexandre VI était mort (1503). Jules II lui avait succédé. Ce pape eut la fantaisie de faire travailler à son tombeau. La papauté a toujours été une transition à la mort. Il appela Michel-Ange. L'artiste lui présenta des dessins qui surpassaient par la beauté et la richesse tous les anciens monuments de ce genre. Jules II choisit. Mais le talent froisse des têtes en passant ; la médiocrité ne pardonne pas : la jalousie s'acharna après lui. Des persécutions commencèrent ; le tombeau ne fut pas achevé, mais une des statues au moins, le Moïse, le fut. Le visage du législateur des Hébreux est plein de sérénité et de splendeur : « Les juifs, dit Vasari, vont l'adorer chaque jour du sabbat. »

Michel-Ange avait ses entrées libres au palais, et quand il en avait besoin, il se faisait annoncer à sa sainteté et était admis. Un jour il se présenta. Le valet, qui en avait reçu l'ordre, refusa de l'introduire. Indigné : « Quand le pape aura besoin de moi, vous lui direz que je suis allé ailleurs. »

Jules II était violent, emporté ; l'artiste craignit son ressentiment ; il songea à partir :

« Vendez aux juifs tous mes meubles, dit-il

en rentrant chez lui, et venez me trouver à Florence. »

Et il part. Cinq courriers du pape lui arrivent coup sur coup comme il était déjà sur les terres de Florence, le pressent de retourner. Michel-Ange refuse obstinément.

Un autre motif aurait occasionné son départ. Il travaillait à la chapelle Sixtine et ne permettait à personne de voir ses travaux. Curieux et impatient, le pape gagne à force d'argent les ouvriers et pénètre dans la chapelle pendant son absence. Michel-Ange se douta de la trahison, se cacha, et au moment où le pape entrait, fit tomber de l'échafaud de lourdes planches qui l'effrayèrent tellement qu'il s'enfuit précipitamment.

Le Buonarroti eut la pensée alors de partir pour Constantinople, où le grand-seigneur l'avait fait demander. Il n'y alla pas. Il fallait au pape Michel-Ange. Un bref le reconduisit près de Jules II. Le gonfalonnier Soderini le détermina à se rendre aux vœux du souverain pontife :

« Le roi de France lui-même n'aurait pas osé

se comporter avec sa sainteté comme tu l'as fait ;
elle ne doit pas être réduite à descendre jusqu'à la prière, et nous-même nous ne devons pas,
pour l'amour de toi, exposer l'État à une guerre,
ni compromettre sa sûreté. Retourne donc à Rome,
et si tu conçois quelques craintes pour ta liberté, nous te donnerons le titre d'ambassadeur
qui te mettra à l'abri du courroux du pape. »

« Enfin, lui dit Jules II en le regardant d'un
œil irrité, au lieu de venir nous trouver, tu
as attendu que nous ayons été nous-même te
chercher.

— Que votre sainteté lui pardonne! lui dit un
évêque ; ces sortes de gens sont des ignorants
qui ne connaissent que leur métier.

— Ignorant toi-même, lui dit le pontife indigné et le frappant de sa canne ; tu l'outrages quand nous ne lui disons pas d'injures, nous !
Retire-toi ! »

« Le pape ayant ainsi assouvi sa colère, dit Vasari, donna sa bénédiction à Michel-Ange, le combla de présents et lui commanda d'exécuter en
bronze sa statue haute de cinq brasses. »

Quelque temps après, le pontife, avant de quitter Rome, voulut voir le modèle, et le trouvant dans une attitude fière et menaçante, la main droite levée :

« Est-ce une bénédiction ou une malédiction que je donne ? demanda-t-il à Michel-Ange : la main gauche attendait encore son emploi.

— J'y mettrai un livre.

— Non, dit le pape, une épée ; je ne suis pas un lettré. »

La statue, plus tard, fut brisée par le peuple lors de la rentrée des Bentivogli. On en fit une pièce d'artillerie.

Cependant des menées se tramaient à Rome contre le Buonarroti. On conseillait à Jules II d'abandonner son tombeau et de forcer Michel-Ange à peindre la chapelle du palais de Sixte IV. Raphaël et le Bramante, jaloux de sa gloire, auraient fallacieusement persuadé au pontife d'agir ainsi pour se débarrasser de leur formidable adversaire ou pour le confusionner. De retour à Rome, le pape le pressa de commencer cet ouvrage. Michel-Ange refusa. L'inflexible Jules II insista.

« Je ferai, » dit alors Michel-Ange, et il fit.

Jamais il n'avait encore peint à fresque; mais qu'importent les difficultés pour qui a la volonté et le génie! Étranger au mécanisme de la peinture à fresque, il l'étudia, et seul il fit son immense ouvrage. Que de fois le Bramante intrigua pour que terminât Michel-Ange! que de fois l'impatience du pontife le poursuivit! Que de fatigues, que d'inquiétudes supporta le Buonarroti durant sa composition!

« Quand auras-tu fini? lui dit enfin Jules II.

— Quand je serai satisfait de mon travail.

— Et nous, nous voulons aussi être satisfait, et promptement; sinon, je te ferai jeter à bas de ton échafaud. »

Michel-Ange ne donna pas le dernier coup de pinceau. A l'instant il fait démonter les échafaudages. Toute la chapelle fut découverte le jour de la Toussaint (1512), et le pape y célébra la messe au milieu d'un grand concours de monde.

Ce long travail avait affaibli sa vue, et, plusieurs mois après, « il ne pouvait, dit Vasari, lire une lettre, regarder un dessin, sans l'élever au-dessus de sa tête. »

Ce sont ces compositions qui ont agrandi la manière de Raphaël. Ici, les Sibylles et les Prophètes; puis, la Création du Monde et de l'Homme, le Bannissement du Ciel, le Déluge; Jérémie méditant sur les désastres de son peuple; Ézéchiel, Joël, Isaïe, Daniel; David terrassant Goliath; Judith coupant la tête du général Holopherne; le Serpent d'Airain.

Ce dut être un beau jour que celui-là, où l'on découvrit tous ces chefs-d'œuvre. Comme Michel-Ange dut sentir son cœur à l'aise en entendant les louanges qu'on lui prodiguait, suivies des paroles et des récompenses du pontife !

Léon X succéda à Jules II (1513). Sa patrie était Florence. Florence devait donc connaître et posséder quelques-unes des merveilles qu'enfantait le génie de Michel-Ange. Il fallait construire la façade de San-Lorenzo, église bâtie par la famille des Médicis. Bien des rivaux se présentèrent avec leurs plans ; tous se retirèrent devant Michel-Ange. Plusieurs années furent perdues à

préparer des marbres dans les carrières de Se-
ravezza.

La mort de Léon X arrête tout.

L'avènement d'Adrien VI est une page lugubre dans l'histoire des arts.

L'exaltation de Clément VII les ranime (1523).

La réputation du Buonarroti était grande au
dehors. Il venait de terminer et d'envoyer à
Rome, pour l'église de la Minerva, la belle statue du Christ à la croix, et François I⁰ʳ, le
restaurateur des lettres, le protecteur des artistes, lui écrivait :

« Pour ce que j'ai grand désir d'avoir quelques besongnes de votre ouvrage, j'ai donné
charge à l'abbé de Saint-Martin, de Troyes (le
Primaticcio), présent porteur que j'envoye par-
delà, d'en recouvrer, vous priant, si vous avez
quelques choses excellentes faites à son arrivée,
les lui vouloir bailler, en les vous bien payant.
ainsi que je lui ai donné charge, et davantage
vouloir être content pour l'amour de moi qu'il
molle le Christ de la Minerva et la Notre-Dame
de la Fèbre, afin que j'en puisse orner l'une

de mes chapelles, comme de choses qu'on m'assure être des plus exquises et excellentes en votre art.

« Priant Dieu, sieur Michel-Ange, qu'il vous ait en sa garde. »

Cela se passait en 1546.

En 1527, les bandes du connétable de Bourbon saccageaient Rome, et les Florentins chassaient les Médicis. Florence craignit des représailles sanglantes. Le Buonarroti fut chargé de la défense de sa patrie; il la fortifia. Six mois la ville fut assiégée; six mois, nouvel Archimède, il la défendit, et pourtant le pinceau ne se reposait pas dans sa main, ni le ciseau. C'est au moment où les armées se brisaient sous les remparts; où l'ennemi inventait des ruses et des stratagèmes pour s'emparer de la ville; où la mort environnait l'impétueuse et irascible Florence, qu'il faisait sortir du marbre les statues de Laurent et Julien de Médicis, celles de l'Aurore, du Crépuscule, du Jour, de la Nuit, et de la Vierge allaitant l'Enfant prédestiné.

« L'Aurore, tant elle est belle et sereine,

dissiperait, dit Vasari, tous les nuages de la mélancolie la plus noire ; on la croirait produite par un miracle de Dieu. Elle se lève à moitié endormie ; Médicis, mourant, frappe ses regards incertains, et la douleur ajoute encore à sa beauté. Mais la Nuit, quelle statue antique ou moderne pourrait jamais lui être comparée ? Avec quelle éloquence ses traits expriment le calme du sommeil joint à l'abattement de la douleur ! »

Un poète, Giovanni-Battista Strozzi, écrivait ces vers :

« O Nuit, qui dors dans une si douce attitude, tu es sculptée par un Ange dans un doux sommeil ! Allons, pourquoi dormir ? tu as la vie. Si tu ne dormais, je croirais que tu vas parler. »

Michel-Ange répondait au nom de la Nuit :

« Il m'est doux de dormir et d'être de marbre. Ne pas voir, ne pas sentir est un bonheur dans ces temps de bassesse et de honte. Ne m'éveille donc pas, je t'en conjure ; parle bas. »

Hélas ! en ce moment, Rome n'était-elle pas violée et Florence asservie ? L'art et les inspirations s'en allaient avec les mœurs et les libertés anciennes.

Florence trahie et investie de toutes parts, Michel-Ange songea à sa sûreté et s'enfuit ; reçut à Ferrare la noble hospitalité du duc Alphonse d'Este ; gagna Venise. Florence supplia vite son défenseur de revenir. L'amour de la patrie l'emporta sur la crainte, et, courant les plus grands dangers, il rentra dans la ville. Elle fut prise. Michel-Ange devait être remis aux mains du sbire. Il se cacha. La colère du pape passa, et l'artiste reprit ses travaux de Lorenzo.

Michel-Ange était pardonné ; cependant, il jugea bon de faire le voyage de Rome pour se réconcilier pleinement avec lui. Clément lui dit qu'il avait tout oublié et le pria de hâter les travaux de la bibliothèque et de la sacristie de Lorenzo. Il retourna, mais le pontife ne tarda pas à le rappeler. Il avait conçu le dessein de lui faire peindre les deux extrémités de la chapelle Sixtine, dont il avait déjà décoré la voûte sous Jules II. Il souhaitait voir, d'un côté, le

Jugement dernier, et, de l'autre, la Chute des Anges rebelles. Michel-Ange en avait déjà fait les esquisses depuis longtemps.

A peine à l'œuvre, Michel-Ange fut de nouveau persécuté pour le mausolée de Jules II. Il en avait reçu seize mille écus, disait-on, et il ne voulait pas le terminer. Le tombeau reçut une nouvelle modification, et, par un traité, Clément VII aurait pu employer l'artiste quatre mois de l'année et où bon lui aurait semblé.

Le pontife mourut en 1534.

Michel-Ange espéra un instant être libre et pouvoir enfin terminer le tombeau de Jules II.

Mais Paul III monta sur le trône pontifical, la même année, dix-sept jours après.

Ce nouveau pontife l'envoie chercher, le presse de lui consacrer ses talents.

« Impossible, dit le Buonarroti : un traité m'oblige à terminer le mausolée de Jules II.

— Comment ! s'écrie en colère sa sainteté, voilà trente ans que j'ai ce désir ; maintenant je suis pape, et il ne me sera pas permis de le satisfaire ! Je déchirerai ce traité, et j'entends que tu m'obéisses ! »

Paul III était vieux, et Michel-Ange avait alors cinquante-neuf ans. Il espéra le contenter par des paroles, ou bientôt en être débarrassé. Néanmoins, il songea à quitter Rome; mais la crainte de la vengeance du pape le retint. Un jour, le pontife visita l'artiste à son atelier; il vit la statue de Moïse, les cartons du Jugement dernier, et ne se possédant plus ni d'admiration ni d'impatience : « J'obtiendrai, dit-il, que tu laisses ce travail à d'autres artistes et que tu exécutes mon souhait. »

Et ce mausolée fut achevé ; mais ce n'était plus le premier dessin de Michel-Ange !

Alors le Buonarroti se livra à sa grande œuvre, à sa terrible épopée. Conception sublime ! double abîme de joie et de malheur ! double éternité qu'il ouvre pour les générations passées sur la terre ! La foule des saints s'y précipite avec les instruments de son martyre ; les anges de l'Apocalypse y sonnent leurs trompettes foudroyantes. C'était là toute la pensée

du Dante écrite sous les yeux, tout son poème
qui avait retenti dans les cœurs des hommes du
moyen âge.

« Au grand étonnement de Rome et du monde
entier, dit Vasari, Michel-Ange découvrit le Jugement dernier après huit années de travail, le
jour de Noël 1541, » la septième année du règne
de Paul III.

Aujourd'hui nous environnons les génies passés de vénération ; mais qu'il en est bien autrement durant les grands labeurs de ces hommes ! Avant que les générations ne soient écou-
lées, que la statue soit sur son piédestal, elle
est encore à la hauteur de la foule, et chacun
peut l'atteindre et la mesurer. Il nous semble
aujourd'hui que tous devaient recueillir avec respect les paroles de Michel-Ange et les suivre
comme des oracles. Que nous sommes étrangement étonné, lorsque nous étudions sa vie, d'as-
sister à des luttes continuelles, à des injures per-
sonnelles, où son talent est révoqué en doute, et où
il a besoin de la parole pour faire croire à ses
œuvres, comme si elles ne parlaient pas assez haut

d'elles-mêmes ! Ce n'est pas assez qu'il répande les trésors de son génie, il faut encore qu'il combatte pour avoir le droit de doter le monde de ses œuvres. Faut-il rappeler les noms du Torrigiano, du Bramante, de Saint-Gall, éternels rivaux du Buonarroti. ? Dans ces temps rudes, les plus doux n'ont pas été exempts de haine. Il fallait être d'un parti ; on l'était. Saint-Gall mort, Paul III choisit pour son successur Michel-Ange pour la conduite et l'achèvement de la grande basilique. Tout le parti de Saint-Gall l'en félicitait :

« Le modèle de Saint-Gall, lui disait-on, est un pré où il y a toujours à paître. »

Ni la force ni le génie n'échappaient à Michel-Ange, mais les années s'amoncelaient sur lui, et il sentait que c'était là qu'il devait déposer ses dernières illuminations de foi et de génie. Il fit un nouveau plan, donna plus de simplicité et de majesté à l'édifice, et ce dernier modèle fut définitivement mis en œuvre. L'argent de la fabrique avait été dilapidé, et Michel-Ange disait aux agents de la fabrique :

« Vous avez raison de réunir tous vos efforts
pour m'exclure de la place : le premier usage
que je ferais de mon pouvoir serait de vous
chasser. »

Le grand architecte avait d'abord refusé de
se charger de la direction. Paul le força d'accepter :

« Alors, répondit-il, je veux remplir gratuite-
ment mes fonctions. »

Souvent le pontife, touché de tant de désintéressement, lui envoya de riches présents pour
lui tenir lieu d'appointements refusés. Michel-
Ange ne voulut jamais les accepter.

Ainsi il écrasait les rivalités par sa conduite
comme par son génie. Libre d'agir selon sa volonté et sa raison dans l'achèvement de Saint-
Pierre, il en hâtait la bâtisse de toutes les ressources qui étaient en son pouvoir. Ne devait-
il pas craindre qu'on ne voulût encore faire de
nouveaux changements ? Ne soulevait-il pas , en
laissant tomber une de ses provoquantes colères,
la foule des jaloux et des fripons ? Faisant cela,
il embellissait le vieux Capitole, lui rendait son

ancien lustre, exécutait l'entablement qui devait
couronner le palais Farnèse, s'employait acti-
vement pour ceux qui lui étaient recommandés,
et avait encore le temps de faire des ingrats :

« Si ces fatigues que j'endure, disait-il un
jour au milieu d'une discussion, ne sont d'aucune utilité pour mon âme, je perds mon temps
et mon travail. »

Michel-Ange se promenait encore dans les rues
de Rome, dernier représentant d'une génération
forte qui s'écroulait ; heureux de quelques amis
qui lui restaient dans ses vieux jours, mais
tournant toutes ses idées vers la religion, sublime consolatrice de tous ceux-là qui sont faibles ou malheureux ; parce que ses amis, il les
ensevelissait et qu'il restait pour les pleurer tous.
Écoutons la lettre qu'il écrivait à Vasari sur la
mort de son serviteur, le fidèle Urbino :

« J'écrirai mal, et cependant il faut que je
dise quelque chose en réponse à votre lettre,
Vasari. Vous savez comment Urbino est mort ;
ça été pour moi une très-grande faveur de Dieu
et un sujet de chagrin bien cruel. Je dis que ce

fut une faveur de Dieu, parce que Urbino, après avoir été le soutien de ma vie, m'a appris non-seulement à mourir sans regrets, mais même à désirer la mort. Je l'ai gardé vingt-six ans avec moi, et je l'ai toujours trouvé parfait et fidèle. Je l'avais enrichi ; je le regardais comme le bâton et l'appui de ma vieillesse, et il m'échappe en ne me laissant que l'espérance de le revoir dans le paradis. J'ai un gage de son bonheur dans la manière dont il est mort. Il ne regrettait pas la vie ; il s'affligeait seulement en pensant qu'il me laissait accablé de maux, au milieu de ce monde trompeur et méchant. Il est vrai que la majeure partie de moi-même l'a déjà suivi, et tout ce qui me reste n'est plus que misères et que peines. Je me recommande à vous. 1530. »

Voilà l'homme qui pleurait la mort de son serviteur et qui y trouvait son avertissement suprême; l'homme aux mœurs pures et vénérées, qui écrivait à son ami Vasari :

« J'ai visité, ces jours-ci, les ermitages qui sont dans les montagnes de Spolète, et je n'ai pas rapporté à Rome la moitié de moi-même, parce qu'on ne trouve véritablement la liberté, la paix et le bonheur qu'au milieu des bois. 1556. »

Et cet homme, dont la lumière ne fut pas éteinte avant la mort; dont l'amitié était si tendre et si dévouée, qu'il avait passé les nuits auprès de son serviteur malade; dont le dernier souffle de l'intelligence et de la vie s'abîmait dans la religion pour s'y consoler et s'y fortifier, ne désarmait pas la jalousie et la haine. Ses ennemis l'accusèrent de folie; ils disaient que le vieillard était tombé en enfance, et la coupole de Saint-Pierre s'élevait triomphante sous le ciel !

Et comme le duc Cosme lui écrivait de revenir à Florence, et que Vasari l'y engageait :

« Soyez persuadé, répondait-il, que je désirerais comme vous que mes os reposassent à côté de ceux de mes pères; mais, en quittant Rome, je causerais la ruine de la fabrique de Saint-Pierre, et ce serait à moi une grande honte et une faute impardonnable. Lorsque ce grand

édifice sera arrivé au point qu'on n'y pourra
plus rien changer, j'espère pouvoir me rendre
à vos désirs ; aussi bien, c'est peut-être un crime
que de faire languir si longtemps certains in-
trigants qui attendent mon départ avec impatience. »

Au mois de juin 1557, Michel-Ange, malade,
ne put inspecter les travaux comme de coutume. Le maître maçon commit en son absence
une erreur grave dans ses mesures :

« Je croyais, écrivait-il au Vasari, que cette
voûte allait être terminée ; maintenant elle ne
pourra plus l'être dans tout ce printemps. Si
on pouvait mourir de chagrin et de douleur, je
n'existerais plus. »

Aux sollicitations pressantes de ses amis, Michel-Ange fit alors un modèle de tout ce qui
restait à terminer.

Depuis dix-sept ans Michel-Ange travaillait à
l'édification de Saint-Pierre ; mille cabales s'é-
taient formées pour le décourager ou le desti-
tuer ; trois papes s'étaient couchés dans la tombe
depuis qu'il en avait la suprême direction, et

la Providence l'avait comme pris sous sa sauve-
garde, pour qu'il poussât si loin son œuvre,
qu'on ne pût la changer. Néanmoins, il ne vit
pas la fin de sa gigantesque coupole, ni ne
mourut pas dans sa chère Florence ; infirme, il
fut atteint d'une fièvre lente qui le conduisit
au tombeau.

« Je laisse, dit-il en mourant, mon âme à
Dieu, mon corps à la terre, mes biens à mes
plus proches parents. »

Et le 17 février 1563, à la vingt-troisième
heure, il mourut. Il avait quatre-vingt-huit ans.

Michel-Ange sut s'environner de l'estime de
ceux qui étaient dignes de le comprendre. Un
pape, Jules III, le faisait asseoir à ses côtés,
tandis que douze cardinaux demeuraient debout
devant lui. Don François de Médicis ne lui parlait jamais sans avoir la tête découverte. Imagination sublime, souvent ses mains ne pouvaient
exprimer ses grandes et terribles pensées. Peut-
être est-ce là la raison pour laquelle il laissa
tant d'ouvrages inachevés. A sa mort, il en brûla
beaucoup. Esprit généreux, mais indépendant,

c'était dans la solitude qu'il concevait ses chefs-
d'œuvre : il n'était bien que là. La nature, la
foi, Dante et la Bible, voilà ce qui nourrissait
son génie et son âme. Ame poétique, il n'aimait comme l'aigle que la solitude et la hauteur
de la montagne. Il vénérait les écrits du fougueux
et enthousiaste Savonarole. Sobre, actif, généreux, cet homme admettait rarement un ami à
sa table et n'acceptait jamais rien. Qui ne sait
l'intéressante chronique du pêcheur de Venise ?

« Tu ne veux donc pas me donner ta fille,
parce que je suis pauvre ? disait un jeune gondolier au pêcheur Gianettini.

— Non, je ne veux pas ; je suis riche.

— Mais pourtant je t'ai sauvé la vie à Lépante.

— Tu es pauvre.

— Mais je suis fort, jeune, et qui sait ? Laurent de Médicis était marchand : François Sforce,
bouvier.

— Deux mille ducats, ou ma fille ne sera
jamais ta femme. »

Le Vénitien pencha la tête : il aimait Maria.

Un inconnu se leva dans le fond de la taverne :

« Gondolier, Maria sera ta femme. »

Et l'étranger ouvrit un carton, en retira un parchemin, l'étendit sur la table, et, dans l'espace de quelques minutes, y dessina une main d'une beauté merveilleuse :

« Porte ceci au palais de Saint-Marc, à Pierre Bembo, et dis-lui qu'un artiste inconnu a besoin de deux mille ducats. Ces deux mille ducats sont à toi. »

Bientôt le gondolier revint ivre de joie : la main de Michel-Ange avait donné le bonheur.

Plus tard, ce gondolier, ce pêcheur, cet Antonio Barbarigo, était général de la république de Venise. Il n'oublia pas ce généreux artiste ; il fit graver sur son tombeau des paroles de reconnaissance que le temps a respectées.

Son corps fut reporté à Florence. On y célébra ses funérailles avec une pompe de roi ; les artistes se disputèrent l'honneur de porter ses restes. L'académie voulut faire les frais de cette inhumation. Une multitude d'emblèmes environnèrent son char mortuaire. Son pieux élève, le Vasari, n'oublia point son tribut : il peignit une

Mort foulée aux pieds par l'Éternité, avec ces paroles : *Vicit inclyta virtus.* Une oraison funèbre
fut prononcée, et la terre des morts retomba
sur lui.

Raphaël et Michel-Ange sont les seuls triomphateurs de l'art. Rien ne peut se comparer aux
acclamations enthousiastes du peuple, quand il
vit, au sortir de leurs mains, le carton de la
Guerre de Pise, les Chambres Vaticanes, la
Chapelle Sixtine et la Transfiguration. Avec Saint-
Pierre de Rome, avec l'œuvre de Michel-Ange,
on reconstituerait les souvenirs d'une civilisation
tout entière. Michel-Ange, c'est tout le seizième
siècle, « avec ses mélancoliques regrets, ses au-
dacieuses espérances, son long tourment et son
gigantesque résultat. » Ce siècle, dans ses luttes
terribles, a repoussé loin de lui le moyen âge
et a beaucoup anticipé sur les temps modernes :
époque solennelle, où toute l'Europe s'agitait
entre le doute et l'espérance ! Michel-Ange,
c'est la statue vivante, la personnification de
cette époque. Que d'héroïsmes ! que de chocs !
que d'existences prodigieuses ! que de génies

dédaignés ! que de contradictions ! que de volontés dans ces jours d'enfantement ! Christophe Colomb, le Camoëns , le Corrége , Luther, Loyola, François Ier, les Médicis, Léon X et Charles-Quint, Raphaël et Michel-Ange ! Que d'existences souffrantes, dévorées ! personne ne s'y tient debout jusqu'à la fin , Michel-Ange excepté. Michel-Ange est le dernier terme d'un vaste accomplissement ; avec lui, la civilisation de son temps se couche dans le sommeil , comme la Grèce avec la mort de Périclès et l'Italie avec Léon X.

L'art attache l'homme à sa tradition et lui rend l'humanité sainte.

Michel-Ange est pour nous d'un âge passé.

Michel-Ange et le seizième siècle morts , une ère nouvelle a commencé.

L'art s'était épuisé dans un magnifique épanouissement.

Le vieil idéalisme chrétien est tombé.

La vie de cet homme se lie à l'histoire générale de son époque. Chacune de ses œuvres se lie à l'ensemble de sa production.

Michel-Ange est la concentration tout entière

du génie de la science de l'énergique peuple florentin, qui, durant trois siècles, s'est voué au travail
et à la réflexion dans le silence et dans l'unité.

Michel-Ange, c'est le grand moissonneur appelé par la Providence.

Ce que la pensée humaine a pu rêver de plus
majestueux et de plus grand, l'art humain l'a
réalisé dans Michel-Ange.

Ce qui fit Michel-Ange grand, ce furent le
génie et la méthode. Dieu lui avait donné l'un;
Florence, l'autre.

« Ce qui distingue Michel-Ange, dit Jeanron,
c'est le sang-froid et l'enthousiasme, la science
et l'imagination, la grandeur et la durée. »

Sept règnes de papes on a travaillé à Saint-
Pierre de Rome : Jules II, Léon X, Clément VII,
Paul III, Jules III, Paul IV et Pie IV. Le
pape Adrien n'y fit point travailler. Un artiste
fut destitué après la mort de Michel-Ange pour
avoir voulu changer ses plans.

Après avoir contemplé cette formidable figure
de Michel-Ange, faut-il maintenant reposer les
regards sur des noms plus humbles, plus rap-

prochés de la sphère humaine ? Le Florentin Bandinelli et Sebastiano del Piombo furent deux grands artistes de la féconde époque. Celui-ci, insouciant Vénitien, heureux ouvrier de Michel-Ange, se reposa quand les bienfaits de Clément VII eurent fait sa fortune. Lent, mais habile travailleur, il donna au Buonarroti ce frais et suave coloris de Venise, et dut la grande part de sa gloire à celui dont il avait été le précieux auxiliaire. Celui-là, intrigant et lâche, envieux et perfide, mais homme d'un incontestable talent ; intrépide enfant comme Michel-Ange, jusqu'au jour où il commença sa vie de honte en s'introduisant, à l'aide d'une fausse clef, dans la salle de la Seigneurie de Florence, et déchira furtivement le carton du Buonarroti. Intelligent et ardent adversaire, mais écrasé par la terrible puissance de celui qui fut fort parmi les plus forts ; soutenu par la sœur de Léon X, par la duchesse Léonora, femme de Cosme, mais soulevant par ses jalousies et ses mordantes et injurieuses diatribes ceux mêmes qui s'étaient montrés dévoués en sa faveur ; laissant mourir

de faim son fils, jeune homme d'espérance,
que ses mauvais traitements avaient contraint
à s'éloigner. Homme méchant, il eut pour im-
placable ennemi Benvenuto Cellini, qui ne lui
laissa pas l'heure du sommeil ni du repos. Soixante
ans il fut le persécuteur de Michel-Ange. Le
brutal Cellini le lui rendit bien. Artiste au talent duquel on rendit justice après sa mort,
mais qui eut le malheur, durant sa vie, d'être
incessamment comparé au Buonarroti et dans la
louange et dans le blâme. On s'obstina à ne
plus séparer les deux noms. Le Bandinelli s'é-
puisa dans la lutte, tandis qu'était calme et debout son invincible rival. Temps de haine et de
jalousie furibondes !

« Pourvois-toi d'un autre monde, parce que
je ne te laisserai pas longtemps dans celui-ci, »
lui disait le Benvenuto.

Et Bandinelli :

« Eh bien ! avertis-moi un jour d'avance, afin
que je puisse me confesser, faire mon testament
et ne pas mourir comme une bête que tu es. »

Ces deux hommes sont un type du seizième

siècle ; et pour reconstituer ce temps dans sa vérité , il ne faut pas oublier ces brutales et sanglantes rivalités , ces dédains provocateurs , ces vindicatives colères, ces haines à mort. Tous ne s'endormaient pas le soir dans la quiétude de leur cœur comme Michel-Ange. Couchons dans son tombeau cette grande génération artistique et terminons ce volume ; dans un autre (1), nous réveillerons de leur poussière les générations enfantées par celle-là. Le soleil descend ; il ne pose jamais longtemps au zénith. Faisons halte ! car c'est la moitié de notre journée que nous avons faite : le labeur demande le repos.

Nous avons parcouru trois phases progressives, trois âges , monté trois échelons rapides dans l'histoire que nous avons tracée : Giotto , Brunelleschi, Michel-Ange , Cimabué , Pérugin , Ra-

---

(1) Dans un second volume, notre ami devait faire l'histoire des sciences , de Dante à Machiavel, comme il a fait l'histoire des beaux-arts , de Giotto à Michel-Ange. La mort l'en a empêché.

(*Note de l'auteur de la* Notice.)

phaël. Les premiers ont reconquis l'art oublié ou
perdu ; les seconds l'ont activé, perfectionné ;
les troisièmes lui ont donné son plus magnifique
épanouissement. Ainsi, ce qui a vie et ce qui est
germe pousse, grandit et s'épanouit au vent chaud
du ciel.

L'art, depuis le jeune pâtre de la vallée de
Mugello, n'a pas eu un jour d'immobilité; sa
marche n'est pas toujours aussi prompte, mais
toujours il avance et s'élève, comme l'homme qui
a son enfance, sa jeunesse, sa virilité.

Stationnaire désormais, sinon faiblissant, l'art
n'a plus qu'à dépérir, jusqu'à ce qu'une nouvelle sève remonte à sa tige, qu'une idée nouvelle ouvre un nouveau chemin.

A l'heure qu'il est, le génie de la science s'est
levé pour remplacer celui des beaux-arts. Dans
le fond de sa prison, un sublime visionnaire va
nier l'immobilité de la terre, et cet homme, c'est
Gallilée !

FIN.

Montmartre. — Imp. Pilloy frères et comp